# CODE
# DES OUVRIERS

ou

## Recueil

### MÉTHODIQUE DES LOIS ET RÉGLEMENS,

CONCERNANT

Les Ouvriers, Chefs d'atelier, Contremaîtres, Compagnons
et Apprentis,

AVEC DES NOTES EXPLICATIVES;

PUBLIÉ PAR LA

## SOCIÉTE NATIONALE,

Rédigé et mis en ordre,

### Par Me MALEPEYRE,

AVOCAT A LA COUR ROYALE DE PARIS;

Membre du Comité consultatif et de révision.

PRIX : 20 CENTIMES.

—

## A PARIS,

AU BUREAU CENTRAL,
RUE DES MOULINS, N° 18.

—

### 1833.

# TOUT DÉPOSITAIRE

*Qui se chargera de la vente dans les communes de son canton,*

DE

| | | | | | | | |
|---|---|---|---|---|---|---|---|
| L'Almanach de France un seul ex. | » fr. 50 c. | | | les 13 exempl. | 5 fr. | » c. | |
| L'Annuaire statistique des 86 départ. | » 50 | } 2 fr. | { | — | 5 | » | 20 fr. |
| L'Atlas portatif de France, contenant 87 cartes. | 1 » | | | — | 10 | » | |

qui souscrira pour 10 treizaines de l'un de ces ouvrages,
n'aura point de frais de poste ni de port à payer.
En plaçant 10/13 soit 130 exempl. de chacun de ces trois ouvrages,

## Il gagnera :

Savoir :
| | | |
|---|---|---|
| { sur 130 exempl. de l'Almanach de France. | 15 fr. | } |
| — l'Annuaire de France. | 15 | } 60 fr. |
| — l'Atlas de France. | 30 | } |

Code des Ouvriers, 13 pour 12 et 25 pour 100.

## CONDITION EXPRESSE.

*Toute demande d'exemplaires, à l'effet d'être ainsi vendus, devra être accompagnée de son prix en un mandat ou reconnaissance.*

---

ÉVERAT, Imprimeur, rue du Cadran, N° 16.

# CODE
# DES OUVRIERS,

OU

## Recueil

## MÉTHODIQUE DES LOIS ET RÉGLEMENS,

CONCERNANT

Les Ouvriers, Chefs d'atelier, Contre-Maîtres, Compagnons
et Apprentis,

AVEC DES NOTES EXPLICATIVES;

PUBLIÉ PAR LA

## SOCIÉTÉ NATIONALE,

Rédigé et mis en ordre,

## Par Mᵉ MALEPEYRE,

AVOCAT A LA COUR ROYALE DE PARIS,

Membre du Comité consultatif et de révision.

PRIX · 20 CENTIMES.

A PARIS,

AU BUREAU CENTRAL,
RUE DES MOULINS, N° 18.

—

1833.

# TABLE ALPHABÉTIQUE

## DES MATIÈRES.

# CODE
# DES OUVRIERS.

## TITRE PREMIER.

### DU LOUAGE D'OUVRAGE.

Art. 1er. — Le louage d'ouvrage est un contrat, c'est-à-dire une convention, par lequel un ouvrier (1) s'engage au service de quelqu'un. ( Code civil, art. 1779. )

Art. 2. — L'ouvrier ne peut engager ses services que pour un temps ou pour une entreprise déterminée.(C.civil, art. 1780)(2). L'engagement d'un ouvrier ne peut même excéder une année, à moins qu'il ne soit contre-maître, conducteur des autres ouvriers, ou qu'il n'y ait un traitement et des conditions stipulées par un acte exprès. (Loi du 22 germinal an XI, art. 15. (3).)

Art. 3. — Le contrat de louage peut être fait verbalement ou par écrit : lorsqu'il est verbal le maître est cru sur son affirmation : 1° pour la quotité des gages promis ;

2° Pour le paiement du salaire de l'année échue ;

3° Pour les acomptes donnés sur l'année courante. Si la convention est écrite, elle fait foi des stipulations qu'elle renferme et elle doit être exécutée de bonne foi entre l'ouvrier et ceux qui l'emploient (1). (C. civil 1781 et loi de germinal an XI, art. 14.)

Art. 4. — Toutefois la loi ne permet pas d'autres moyens de forcer le maître à remplir ses engagemens envers l'ouvrier, que les dommages-intérêts qu'elle autorise le juge à prononcer contre lui lorsqu'il y manque. (C. civil 1142. (2).)

Art. 5. — L'action des ouvriers et gens de travail pour le paiement de leurs journées, fournitures et salaires

---

(1) L'homme de travail industriel ou manufacturier s'appelle plus spécialement ouvrier, la loi comprenant sous le titre général de serviteur, le manouvrier agricole.

(2) Ainsi on ne pourrait jamais stipuler que l'engagement durerait pendant toute la vie de l'ouvrier. Une pareille stipulation serait nulle comme contraire à la liberté naturelle. (*Delvincourt.*)

(3) L'ouvrier qui s'est engagé pour un temps déterminé ne peut quitter son maître avant l'expiration du temps déterminé sans une cause légitime. Les motifs que nous indiquerons ci-après, art 7, qui autorisent l'apprenti à dissoudre la convention qui le lie à son maître, nous paraissent par identité de raison devoir être appliqués aux ouvriers. C'est au juge à apprécier les circonstances, et s'il est vrai de dire qu'en principe général l'impossibilité absolue de continuer le service promis puisse seule dispenser des dommages-intérêts auxquels donne lieu l'exécution d'une obligation, les circonstances peuvent porter à en modifier la rigueur.

---

Il faut d'ailleurs une preuve bien précise que l'ouvrier s'est engagé d'une manière positive jusqu'à une époque déterminée, car ces sortes d'engagemens sont en général réputés faits avec l'intention que chaque partie puisse se dégager à son gré.

(1) Lorsque ce contrat est tacite il est soumis à des régles que l'usage seul a établies et que seul il peut faire connaître suivant les professions.

(2) Les moyens coërcitifs qu'elle permet contre l'ouvrier sont plus étendus ; indépendamment des dommages-intérêts elle autorise le maître à refuser à l'ouvrier le livret dont il doit être pourvu, et prononce des dommages - intérêts contre le nouveau maître qui emploierait un ouvrier sans livret ; enfin elle autorise le juge à prononcer contre l'ouvrier la contrainte par corps, comme nous le dirons par la suite.

se prescrit par six mois. C. C., art. 2271.

Art. 6. — Mais les ouvriers auxquels cette prescription est opposée, peuvent déférer le serment à ceux qui l'opposent sur la question de savoir si la chose a été réellement payée. C. C. art. 2275.

SECTION 1<sup>re</sup>. — *Du contrat d'apprentissage* (1).

Art. 7. — Le contrat d'apprentissage est aussi une espèce de louage d'industrie; il se règle d'après les mêmes principes et d'après les conventions faites entre le maître et l'apprenti.

Art. 8. — Les contrats d'apprentissage entre majeurs, ou consentis par des mineurs (2), avec le consentement de leurs père et mère ou tuteur, ne peuvent être résolus, sauf l'indemnité en faveur de l'une ou de l'autre des parties que dans le cas ci-après : (3)

1° Inexécution des engagemens de part et d'autre ;

2° Mauvais traitemens de la part du maître ;

3° Inconduite de l'apprenti ; (1)

4° Si l'apprenti est obligé à donner, pour tenir lieu de rétribution pécuniaire, un temps de travail dont la valeur excéderait le prix ordinaire des apprentissages. (Loi du 22 germinal an XI, art. 9 (2).

Art. 9. — Les engagemens peuvent être résolus par l'apprenti ou par ses parens ou tuteur, sauf indemnité, lorsque le maître :

1° Use de mauvais traitemens envers l'apprenti ;

2° Lui refuse la nourriture nécessaire ;

3° Lui donne des exemples dangereux par sa mauvaise conduite ;

4° Exige de lui un travail au-dessus de ses forces ;

5° Lui commande des choses contre la probité et les mœurs ;

6° L'occupe à un travail étranger à la profession qu'il doit apprendre ;

7° Enfin, lorsque l'apprenti s'enrôle pour le service militaire. (Arrêt du parlement de Paris, 19 février 1746, et loi du 12 septembre 1799.

Art. 10. — Le maître ne peut retenir l'apprenti au-delà de son terme, ni lui

---

(1) On nomme ainsi une convention qui intervient entre celui qui prend l'engagement d'enseigner à une personne les principes d'un art, et cette personne ou celles qui, lorsqu'elle est mineure, sont chargées de son éducation.

Le prix et le temps de l'apprentissage sont déterminés par les conventions. Si les parties avaient omis cette fixation ou si l'engagement était indéfini, par exemple si le maître s'engageait à instruire l'apprenti, ou que celui-ci s'engageât à rester chez son maître jusqu'à ce qu'il fût suffisamment instruit, le juge le fixerait d'après les circonstances, la position des parties à l'usage.

(2) Lorsque l'apprenti est mineur le contrat ne doit pas moins être fait par lui, mais avec le concours des personnes sous l'autorité desquelles il est placé. D'où il suit que si le mineur est un orphelin élevé dans un hospice, l'autorisation doit être donnée par le membre désigné par la commission administrative de l'établissement où il a été reçu, pour exercer les fonctions de tuteur. (Loi du 15 pluviôse an XIII, art. 1<sup>er</sup>.)

(3) Le maître doit instruire l'apprenti en lui donnant de bonne foi la connaissance de l'art qu'il a entrepris, mais il ne lui doit pas la communication des procédés qui seraient sa propriété exclusive, à moins qu'il n'en ait contracté l'obligation expresse ou présumée d'après les circonstances.

---

(1) L'apprenti peut aussi être congédié 1° pour injures et voies de fait envers le maître ou ceux de sa famille ; 2° pour infidélités graves ; 3° lorsque l'apprenti par défaut d'intelligence ou indocilité opiniâtre, montre qu'il n'a aucune aptitude pour l'état qu'on lui enseigne (Cours de droit Comm. de M. Pardessus, n° 529.)

(2) Cette disposition a été introduite pour empêcher l'influence qu'exerce nécessairement dans ce contrat l'homme instruit sur celui qui cherche l'instruction, pour lui imposer des conditions onéreuses. L'apprenti qui le paie avec son temps peut faire réduire celui qui a été stipulé, si, au dire des hommes de l'art, il a promis un temps de travail dont la valeur excède le prix ordinaire des apprentissages.

refuser son congé d'acquit quand il a rempli ses engagemens, à peine de dommages-intérêts au moins triples du prix des journées depuis la fin de l'apprentissage. (Loi du 22 germ. an XI, art. 10.)

Art. 11.—L'apprenti qui manque de respect envers son maître par des paroles injurieuses et grossières est condamné à un emprisonnement d'un à trois jours. (Décret du 30 août 1810, art. 4.)

---

### FORMULES.

*Brevet d'apprentissage par les père et mère de l'apprenti.*

Les soussignés, Mr, (*nom, prénoms, état et demeure du maître*) d'une part.

Et Mr *nom etc., du père* et dame... son épouse qu'il autorise d'autre part a été dit et convenu ce qui suit :

Les sieur et dame.... voulant faire apprendre à...., leur fils, âgé de.., ici présent, *tel métier*, l'ont mis de son consentement en apprentissage, pour... années consécutives, qui commenceront le......, chez M..., qui consent à le prendre en qualité d'apprenti, promettant de lui enseigner pendant ce temps son métier de..... et tout ce qui y a rapport, et en outre de le loger, coucher et nourrir, en le traitant avec douceur et humanité. Les sieur et dame...., de leur côté, entretiendront leur fils de vêtemens et chaussures suivant son état, et de plus feront blanchir son linge de corps.

De son côté, *un tel*, apprenti, promet d'être docile et d'apprendre de son mieux tout ce qui lui sera enseigné, d'obéir à son maître en tout ce qu'il lui commandera de licite et d'honnête, de travailler à son profit, de veiller à tout ce qui pourrait lui causer quelque dommage et de l'en prévenir.

*Un tel* ne pourra s'absenter, aller servir ni demeurer ailleurs que chez son maître, pendant tout le temps de son apprentissage, et s'il vient à s'absenter, ses père et mère promettent de le faire chercher et ramener, si faire se peut, pour achever son temps d'apprentissage.

Ce traité est fait en outre moyennant la somme de..... que M.... reconnaît avoir à l'instant reçue pour prix dudit apprentissage, dont quittance.

Fait double, à... le....

*(Signatures.)*

### DEUXIÈME FORMULE.

*Brevet d'apprentissage d'un garçon qui stipule directement.*

Les soussignés, M...., *nom, prénoms, état, demeure*, d'une part.

Mes et.... (*idem*) majeur, natif de..., demeurant à...., d'autre part, ont dit et arrêté ce qui suit :

*Un tel*, voulant apprendre le métier de...., se met par ces présentes en apprentissage chez M..., pour  années consécutives qui commenceront à courir à partir du..... prochain.

M.... consent à le prendre pour son apprenti et promet en conséquence de lui enseigner pendant ledit temps l'état de...., qu'il exerce et tout ce qu'il y pratique, de le nourrir, de le loger et coucher et de le traiter avec douceur et humanité.

De son côté, *un tel* promet d'apprendre de son mieux tout ce qui lui sera enseigné par son maître, de lui obéir en tout ce qu'il lui commandera de licite et d'honnête, de le servir fidèlement, de veiller à tout ce qui pourrait lui causer quelque dommage et de l'en prévenir s'il en a connaissance.

De plus, *un tel* s'engage à ne pas s'absenter aux heures habituelles du travail, pendant tout le temps de son apprentissage et à ne point aller travailler ailleurs à peine de cinq cents francs de dommages-intérêts envers le sieur *tel* son maître.

Art. 12.—Les apprentis de Paris qui veulent voyager doivent faire viser au bureau des livrets des ouvriers leurs brevets ou certificats d'apprentissage acquittés par leurs maîtres. (Inst. du préfet de police, 31 mai 1816.)

Art. 13. — Il n'est pas délivré de livrets aux apprentis; ils sont inscrits sur le registre avec le mot *apprenti* à la marge, et il en est fait mention sur le contrat d'apprentissage.(Loi du 26 pluviose an 12.)

Art. 14. — A Paris les maîtres font inscrire leurs apprentis au bureau général des ouvriers, en justifiant de l'engagement, ce dont il est fait mention sur l'inscription. (Ordonn. de police, 20 pluviose an XII.)

### TITRE II.

#### DEVOIRS DES MAITRES.

Art. 13.—Les maîtres doivent surveiller leurs ouvriers et apprentis, ils sont civilement responsables, sauf leur recours contre eux, de leurs faits, dans les fonctions qu'ils leur ont confiées, à moins qu'ils ne prouvent qu'ils n'ont pu empêcher ces faits (1).(C. C. 1384.)

_____________

(1) Le maître est donc autorisé à inspecter la conduite de ses ouvriers lorsqu'ils demeurent

Art. 16. — Nul individu employant des ouvriers ne pourra recevoir un apprenti sans congé d'acquit, sous peine de dommages - intérêts envers son maître. (Loi du 22 germinal an XI, art. 11.)

Art. 17. — Nul ne pourra, sous les mêmes peines, recevoir un ouvrier s'il n'est porteur d'un livret portant le certificat d'acquit de ses engagemens, délivré par celui de chez qui il sort. (*Id.*, art. 12) (2).

### TITRE III.

#### DES LIVRETS DES OUVRIERS COMPAGNONS ET GARÇONS.

Art.18.—Tout individu employé par un autre comme ouvrier compagnon ou garçon, doit se pourvoir d'un livret. (Arrêté du gouvernement du 9 frimaire an XII, art. 1er.)

Art.19. Ce livret est sur papier libre, c'est-à-dire non-timbré, coté et paraphé *sans frais* par un commissaire de police, ou, à son défaut, par le maire ou

_____________

chez lui, puisqu'il répond d'eux dans un grand nombre de circonstances prévues par les réglemens de police locale et même par les lois générales.

(2) Voyez la note de l'article 21.

_____________

Le présent traité est fait moyennant la somme de cinq cents francs sur laquelle *un tel* a payé à l'instant celle de... au sieur *tel*, qui le reconnaît; à l'égard du surplus, il promet et s'oblige de le payer le...... prochain.

Fait double à... le    (*signatures.*)

#### TROISIEME FORMULE.

*Congé d'acquit d'apprentissage.*

Je soussigné (*nom, prénoms, état et de meure du maître*), reconnais par ces présentes que le nommé ( *nom et prénoms de l'apprenti* ) demeurant ci-

devant chez moi et actuellement......, m'a bien et fidèlement servi pendant les.... années de son apprentissage qu'il a passées chez moi suivant les conventions qui avaient été faites entre nous par acte sous seings-privés, le..... qu'il m'a payé intégralement la somme stipulée pour son apprentissage, qu'il ne me doit rien, et qu'en conséquence il peut travailler partout où il lui plaira en qualité de compagnon ouvrier ou chef d'atelier.

Fait à..... le    ( *signatures.* )

son adjoint. La premier feuillet porte le sceau de la municipalité ( à Paris celui du préfet de police) et contient les noms de l'ouvrier, son âge, le lieu de sa naissance, son signalement, sa profession et le nom et la demeure du maître qui l'emploie. (Même arrêté, art. 2.)

Art.20.A Paris les livrets sont délivrés par un commissaire de police désigné *ad hoc* par le préfet de police, il en tient un registre sur lequel sont inscrits les ouvriers des différentes classes, avec un numéro d'ordre général et un numéro d'ordre particulier à chaque classe. Ces deux numéros sont portés en tête du livret. (Ordonnance du préfet de police du 25.mars 1818.)

Art. 21. — Le premier livret d'un ouvrier lui est délivré sur la présentation de son acquit d'apprentissage, ou sur la demande de la personne chez qui il travaille, ou sur l'attestation de deux citoyens patentés de sa profession et domiciliés, qu'il est libre de tout engagement, soit comme apprenti soit comme ouvrier.(Arrêté précité,art.11.)

Art. 22. — A moins de prévention de délits, il n'y a pas de motifs de refuser un livret à un ouvrier, il dépose ses papiers chez le commissaire de police qui lui délivre le livret excepté les actes de naissance et les congés militaires.Il signe le livret ou il est fait mention qu'il ne sait pas signer. (Iustr. du préfet de police de 26 pluviose an XII.)

Art. 23. — Lorsqu'un ouvrier veut faire coter et parapher un nouveau livret, il représente l'ancien qui doit être rempli ou hors d'état de servir. Les mentions des dettes sont transportées de l'ancien livret sur le nouveau. (Arrêté précité, art. 12.)

Art. 24. — Si le livret de l'ouvrier est perdu, il peut, sur la représentation de son passeport en règle, obtenir la permission provisoire de travailler dans le lieu où il est, et en justifiant à l'officier de police qu'il est libre de tout engagement et qu'il peut lui être déli-

vré un nouveau livret sans lequel il ne peut partir. (Arrêté précité, art. 13.)

Art. 25. — A Paris, et dans le cas ci-dessus de la perte de son livret, l'ouvrier en obtient un nouveau sur les certificats de ses deux derniers maîtres qu'il est libre de tout engagement. Si le livret est perdu en voyage ou au retour, le duplicata en est délivré sur une attestation de moralité donnée par quatre maîtres patentés de la même profession que l'ouvrier, les signatures en doivent être légalisées par un officier public. (Arrêté précité, art.15, et ordonnance de police du 20. pluviose an XII.)

Art. — 26. Indépendamment de la loi sur l'exécution des passeports (1), l'ouvrier qui veut voyager fait viser, pour partir, son dernier congé sur son livret, par le commissaire de police chargé de la délivrance des livrets, et il y fait indiquer le lieu où il va. Tout ouvrier voyageant sans livret ainsi visé, est réputé vagabond ; il peut être arrêté et puni comme tel. (Voyez ci-après, *partie pénale.*) (Arrêté précité, art. 3.) A Paris, le permis de voyager est délivré à la Préfecture de police à la suite du visa de congé. (Ordonnance précitée, art. 11.)

Art. 27. — Tout ouvrier qui vient travailler à Paris, même étant porteur d'un livret, se fait inscrire chez le commissaire de police chargé de la délivrance des livrets. (Ordonnance précitée, art. 6.)

Art. 28. — Lorsqu'un ouvrier entre chez un maître, celui-ci inscrit son entrée et sa date sur le livret de l'ouvrier,

---

(1) Loi du 10 vendémiaire an IV, et arrêté du gouvernement du 12 messidor an VIII.

Le passeport doit être délivré GRATIS aux personnes indigentes (Avis du conseil d'état du 22 décembre 1811.) On justifie de son indigence par un certificat du commissaire de police de son domicile. Ordonnance du préfet de police du 25 avril 1812.)

et fait viser cette inscription dans les vingt-quatre heures, par le commissaire de police du domicile du maître, lequel légalise en même temps la signature de ce dernier. Si le maître ne sait pas écrire, le commissaire fait l'inscription, le livret reste entre les mains du maître s'il l'exige. (Arrêté précité, art. 5, et ordonnance *idem*, art. 9 (1).)

Art. 29. — Lorsque l'ouvrier sort de chez un maître, celui-ci lui donne sur son livret son congé, portant la date de la sortie, et s'il a rempli ses engagemens. L'ouvrier fait signer ce congé dans les vingt-quatre heures par le commissaire de police qui a délivré ce livret; si le maître ne sait pas écrire où est décédé, le congé est délivré par le commissaire de police, après vérification. (Arrêté précité, art. 4 et 10; ordonnance *idem*, art. 10.)

Art. 30. — Si le maître refuse de remettre le livret à l'ouvrier qui sort de chez lui, ou de lui délivrer son congé, le tribunal municipal à Paris, et ailleurs le maire ou l'adjoint, statuent sans appel sur ces difficultés, ainsi que nous le dirons au titre de *la Juridiction*. En cas de condamnation, les dommages-intérêts adjugés à l'ouvrier sont payés sur-le-champ. (Arrêté précité, art. 6.)

Art. 31. — L'ouvrier qui a reçu des avances sur son salaire, ou qui est en-gagé pour un temps, ne peut exiger son congé ni la remise de son livret qu'après avoir acquitté sa dette par son travail et rempli ses engagemens, si le maître l'exige (1). (Arrêté précité, art. 7.)

Art. 32. — Si un ouvrier demande son congé, le maître n'est obligé de le payer qu'au jour fixé dans ses ateliers pour la paie.

Si c'est le maître qui renvoie l'ouvrier, il doit le payer en le renvoyant.

Si le maître refuse le paiement pour cause de mal façon d'ouvrage, ou de gâtement de pièces, l'ouvrier peut demander que l'ouvrage soit examiné par des experts. (Arrêté précité, art. 8.) Les frais de l'expertise sont supportés par celle des deux parties qui a tort (2).

---

(1) Les usages, ainsi que la nature du travail doivent être considérés pour apprécier les raisons que l'ouvrier donnerait à l'appui du refus qu'il ferait de continuer le travail, ou celle qu'a le maître d'exiger qu'il achève l'ouvrage. Ces contestations seront, dans tous les endroits où il y a des conseils de prud'hommes, jugées par eux, et, où il n'y en a pas, par le tribunal de commerce; mais, après ces décisions, ce serait le maire qui prononcerait les dommages-intérêts pour refus de remettre le livret.

(2) L'ouvrier est obligé de faire le travail qui lui est confié avec diligence et fidélité. S'il demeure dans la maison du maître, il doit se conformer au régime domestique de cette maison. Il ne peut se livrer à la confection d'aucun ouvrage autre que celui qui lui est commandé ni refuser d'exécuter le travail dont on le charge, si cet ouvrage en lui-même ou la manière dont le maître veut le faire exécuter ne sont pas contraires aux lois de police. Il est tenu d'observer les règles de l'art et répond des fautes qu'il commet. Mais si les instructions qui lui sont données pour l'exécution de telle ou telle parti d'ouvrage s'écartaient des règles ordinaires et déterminaient d'une manière spéciale comment cet ouvrage devrait être fait, il serait tenu de s'y conformer, et dans ce cas sa responsabilité serait beaucoup moins étendue. L'ouvrier ne peut se faire remplacer par un autre, sans le consentement de celui auquel il a loué son travail; et, lorsqu'il a obtenu ce consentement, il ne répond

---

(1) Les maîtres, aux termes de la loi du 22 germinal an XII, doivent préalablement exiger des ouvriers qu'ils reçoivent chez eux, un livret délivré par le maître de chez qui ils sortent, et portant certificat d'acquit de leurs engagemens; mais ils ne sont passibles d'aucune peine, en cas d'infraction aux dispositions de ces lois, cette infraction peut seulement donner lieu à une action civile, et soumettre le nouveau maître à des dommages-intérêts envers l'ancien. (Arrêt de la Cour de cassation, 9 juillet 1829.) Les dommages-intérêts peuvent être prononcés lors même que les ouvriers seraient employés à des travaux tout-à-fait différens. (Arrêt de cassation, 19 juin 1828.)

Art. 33.—Si l'ouvrier est obligé de se retirer par refus d'ouvrage et de salaire de la part du maître , son livret et son congé lui sont remis , encore bien qu'il n'ait pas remboursé les avances à lui faites ; mais le créancier a le droit de mentionner la dette sur le livret. Le nouveau maître chez qui l'ouvrier entre lui fait , sur son salaire journalier, une retenue au plus du cinquième de sa journée , jusqu'à entière libération de la dette ; il est fait mention de ladite libération sur son livret , et le nouveau maître tient le montant total de la retenue à la disposition de l'ancien maître, à qui il en donne avis. (Arrêté précité. Art. 8 et 9.)

Art. 34. — Quelles que soient les plaintes d'un maître autres que celles relatives aux engagemens de l'ouvrier, il ne doit jamais en être fait mention sur son livret, mais sur le registre d'inscription à côté du nom de l'ouvrier. (Instruction précitée.)

### SECTION PREMIÈRE.

*Dispositions spéciales à quelques espèces d'ouvriers, compagnons et garçons.*

§ I<sup>er</sup> Garçons boulangers et bouchers.

*Il existe dans presque toutes les villes importantes des arrêtés de préfectures qui prescrivent les règles qui doivent être suivies par les ouvriers de ces deux professions. A Paris il existe un grand nombre d'ordonnances qui régissent les établissemens de boucherie et de boulangerie , les halles à la viande, la police des marchés et des abattoirs et celle des garçons. Comme elles n'ont qu'un intérêt local, nous nous abstiendrons d'en rappeler les nombreuses dispositions.*

§ II. —Ouvriers manufacturiers. — *Il existe une foule de réglemens locaux pour les ouvriers des grandes manufactures ; ces réglemens concernant la police et la salubrité des villes et des campagnes rentrent dans les attributions des préfets et des conseils municipaux, les ouvriers doivent s'y conformer.*

§ III. — Ouvriers en bâtimens. — *Il existe plusieurs ordonnances qui déterminent le temps de la journée des ouvriers maçons, tailleurs de pierre, carreleurs, plombiers, charpentiers, scieurs de long, bardeurs, paveurs, terrassiers et manœuvres et entre autres celle du préfet de police du 26 septembre 1807, approuvé par le ministre de l'intérieur, mais le temps du travail comme le prix des salaires , ne doivent être que le résultat des conventions entre les entrepreneurs et les ouvriers , aussi, ces ordonnances sont elles tombées en désuétude et le temps du travail est fixé à Paris, par l'usage ou les conventions.(1)*

---

*Ouvriers maçons.*

(1) L'usage à Paris a ainsi fixé le temps du travail : Du 1<sup>er</sup> avril au 30 septembre; la journée des ouvriers maçons, tailleurs de pierre, limousins et garçons, est de six heures du matin à six heures du soir, les heures de repas sont de neuf à dix et de deux à trois ; de sorte que la journée est comptée pour dix heures de travail ; et lorsque les ouvriers travaillent une, deux ou trois heures de plus dans les longs jours, on leur compte chaque heure comme un dixième en plus, pour faire une somme de journée en plus.

Lorsque les ouvriers travaillent la nuit, ces heures sont comptées comme heures de jour supplémentaires, et payées le même prix, sauf à l'entrepreneur à accorder une gratification.

Du 1<sup>er</sup> octobre au 30 mars, les journées sont de sept à cinq heures, les repas de même qu'en été. Les ouvriers travaillent huit heures, les heures supplémentaires sont comptées comme huitième.

*Ouvriers peintres.*

Les ouvriers peintres en bâtimens font leur journée de onze heures de travail en été et de neuf heures en hiver , quoiqu'elles commencent comme celles des maçons ; mais ils n'ont qu'une heure pour le repas, de onze heures à midi.

---

pas de son remplaçant, à moins de conventions contraires. (Cours de droit comm. de M. Pardessus.

§ IV.—*Garçons charpentiers.* (1)

Art. 35.— Défenses aux charpentiers et autres d'emporter de chez leurs maîtres, des ateliers et des bâtimens, aucune louée, copeaux, bouts de bois et ballots, sans une permission expresse, à peine d'être puni comme pour vol. (Lettres-patentes du 11 septembre1785, art. 10 (2).)

Art. 36. — A Paris, tout propriétaire, locataire, ou autre, ne peut employer des compagnons charpentiers plus de deux jours sans en faire la déclaration à la Préfecture de police. Les compagnons ne peuvent travailler pour lesdites personnes plus de huit jours sans s'être assuré que ladite déclaration a été faite. (Ordonnance de police des

7 décembre 1808 , art, 1er, et 11 juillet 1812 (1).

§ IV. — *Ouvriers à marteau.*

Art 37.— Les heures de travail pour les maréchaux ferrans , les maréchaux grossiers , serruriers et autres forgerons et ouvriers à marteau, sont depuis quatre à cinq heures du matin jusqu'à huit heures du soir, sans pouvoir commencer leur travail plus tôt, ni le continuer plus tard, sous les peines de simple police. (Ordonnance de police du 26 juin 1778 (2).)

SECTION IV. — Bureaux de placement des ouvriers, compagnons et garçons.

*Il y a à Paris des bureaux de placement des ouvriers, compagnons et garçons des divers métiers et professions. Chaque bureau est dirigé par un préposé, nommé par le Préfet de police. Les garçons et ouvriers qui y prennent un bulletin pour être placés, paient au bureau une légère rétribution, qui varie, suivant les professions, de 50 cent. à 2 fr. Il n'est délivré de bulletin de placement qu'aux garçons et ouvriers porteurs de livrets.*

Art. 38. — Il est défendu à toute personne de s'immiscer dans le placement d'aucun ouvrier et garçons des professions pour lesquels il y a des bureaux de placement reconnus par la police. (Ordonnance de police, du 6 floréal an XII.)

Art. 39. — Ces bureaux sont sous la surveillance spéciale de la police chaque commissaire inspecte ceux de son

---

*Ouvriers menuisiers.*

La journée des ouvriers menuisiers commence, en toute saison à huit heures du matin, et finit, s'ils travaillent à la boutique, à huit heures du soir; s'il travaillent en ville, à sept heures. Dans ce dernier cas, les heures de repas sont de neuf à dix heures, et de deux à trois heures.

*Ouvriers serruriers.*

L'usage à Paris est que la journée des ouvriers serruriers commence à sept heures du matin et finisse à sept heures du soir.

(1) Par convention arrêtée entre les délégués des maîtres , charpentiers de Paris , et les délégués des ouvriers en octobre 1833 , la durée de la journée des ouvriers charpentiers à été fixée à 10 heures de travail ; il a été convenu que 2 heures après la journée compteraient comme un tiers de journée que les nuits seraient payées comme deux journées de 10 heures, que le prix de la journée serait debattu. Le minimum a été fixée à 4 francs pour les ouvriers , sachant leur état et ayant assez de force physique pour l'exercer qu'à l'égard des ouvriers inhabiles, ou dont l'age a detruit les forces , le prix de journée serait debattu de gré à gré et fixée à l'amiable.

(2) En général les ouvriers ne peuvent rien enlever de l'atelier du maître ; mais au levage (c'est-à-dire au travail fait en ville), on leur permet d'emporter les copeaux faits *naturellement*, et non exprès. C'est un usage qui parait partout être en vigueur, mais ils doivent les montrer à l'entrepreneur avant de les enlever.

(1) Cette ordonnance , quoique encore en vigueur, ne parait pas être observée ni par les propriétaires ou locataires , ni par les ouvriers.

(2) A Paris, l'usage est, pour les serruriers , de travailler au marteau, quand il y a de cette sorte d'ouvrage, seulement dans la matinée, depuis six à sept heures du matin , suivant la saison , jusqu'à midi.

quartier, et s'assure s'il n'est perçu des ouvriers que la rétribution fixée par les ordonnances. (*Ibidem.*)

## TITRE V.

DE LA JURIDICTION, OU DES TRIBU-
NAUX QUI STATUENT SUR LES
AFFAIRES QUI CONCERNENT LES
OUVRIERS.

### SECT. 1re *Juridiction civile.*

Art. 40.—Dans les villes où il n'existe pas de Conseil de prud'hommes, c'est au tribunal de commerce que doit être portée directement toute contestation entre un ouvrier et son maitre, touchant les objets de la fabrication. (Décret du 11 juin 1809, et arrêt de la Cour de Paris, du 2 juillet 1831.)

### SECT. 2. — *Juridiction pénale.*

Art. 41. — Dans les lieux où il n'y a pas de conseils de prud'hommes, les affaires de simple police sont portées devant le maire ou son adjoint. A Paris, toutes les affaires de simple police entre les ouvriers et les apprentis, les manufacturiers, fabricans et artisans sont portées devant le préfet de police (tribunal municipal). Il prononce sans appel les peines applicables aux divers cas, suivant les lois municipales. (Loi du 22 germinal an XI.)

Art. 42. — Si l'affaire est du ressort de la police correctionnelle, ou criminelle, ils peuvent faire arrêter les prévenus, et les faire traduire devant le juge d'instruction. (*Idem.*)

Art. 43. — La juridiction est déterminée par le lieu de la situation de la manufacture ou de l'atelier. (Loi du 22 germinal an XI.)

Art. 44. — A Paris le maitre qui a à se plaindre d'un ouvrier en fait sa déclaration au commissaire de police du domicile du maitre, qui concilie les parties, ou, s'il ne le peut, en rend compte au préfet de police, ainsi que de tous désordres ou mouvemens dans les ateliers. (Instruct. du préfet de police du 26 pluviose an XII.

## TITRE VI.

### *Des conseils de Prudhommes.*

Art 45.—Dans les lieux où il y a des conseils de prudhommes, les ouvriers, chefs d'ateliers, garçons et apprentis sont soumis à leur juridiction. (1)

---

(1) Les conseils de prudhommes sont établis par ordonnances qui règlent le mode de leur organisation, les villes où il a été institué des conseils de prudhommes, sont 1° LYON, par par diverses ordonnances, dont la dernière et la plus importante et du 15 Janvier, 17 février 1832; ROUEN; 20 juin 1806 et 12 décembre 1818; NIMES : 28 septembre 1807 et 2 février 1820; AVIGNON, 2 février 1808; TROYES, 7 mai 1808 et 17 mai 1820; MULHAUSEN, 7 mai 1808 et 7 juin 1820; THIERS, 19 août 1808 et 21 mai 1821; SEDAN, 23 août 1808; CARCAS- SONNE, 22 octobre 1808; SAINT-QUENTIN, 21 décembre 1808; LEMOUX, 15 octobre 1809; REIMS, 28 novembre 1809; TARARE, 28 novembre 1809; LILLE, 29 mai 1810; LODEVE, 22 juin 1810; SAINT-ETIENNE, 22 juin 1810 et 10 décembre 1829; CLERMONT, 6 juillet 1810; LOUVIERS, 7 août 1810 et 26 février 1833, ROUBAIX (nord), 7 août 1810; MAR- SEILLE, 5 septembre 1810 et 12 décembre 1818; AMPLEPUIS (Rhône) 6 janvier 1811; ALAIS, 12 avril 1814 SAINT-CHAMAND, 14 juillet 1811; ORLÉANS, 12 avril 1811; MAMERS, 4 mai 1812 et 27 mai 1820; CAMBRAI, 21 septembre 1812; ALENCON; 28 avril 1812; STRAS- BOURG, 17 mai 1813; BOLBEC, 8 octobre 1813 et 12 décembre 1818; AMIENS, 26 octobre 1814; VIRE, 20 octobre 1814; BAR-LE-DUC, 29 novembre 1814 et 25 décembre 1822; BEDARIEUX, 15 avril 1818; NIORT, 6 mai 1818; TOURS 3 juin 1818 et 10 mars 1819; ABBEVILLE; 19 mai 1819; ELBEUF, 21 mai 1819; THANN, (Haut-Rhin) pour les arrondissemens de Cernay, de Thann et de Massevaux, 9 janvier 1821; TOURCOING (nord), 4 juillet 1821; CHOLET (Maine et Loire), 4 septembre 1822. CAEN, 21 août 1822; CAS- TRES, 16 avril 1825; VIENNE, (Isère), 26 mai 1824; d'ARMENTIÈRES; 22 mai 1825: DOUAI, 13 avril 1825; LIMOGES, 3 mars 1825; RE- THEL, 2 février 1825; CALAIS, 19 janvier 1825; SAINTE-MARIE-AUX-MINES, 10 août 1825; CHALONS, 9 mars 1826; PÉRONNE, pour les cantons de Péronne; Roisel et Combles, 15 juil-

SECTION I<sup>re</sup>.—*Composition des conseils de prudhommes, mode et époque du renouvellement de leurs membres.*

Art. 46. — Les conseils de prud'hommes ne sont composés que de marchands, fabricans, chefs d'ateliers, de contre-maîtres, de teinturiers ou d'ouvriers patentés, âgés de trente ans accomplis. Le nombre de ceux qui en font partie peut être plus ou moins considérable; mais les marchands, fabricans, doivent toujours avoir dans le conseil un membre de plus que les chefs d'ateliers, contre-maîtres, teinturiers ou les ouvriers. (Décret du 11 juin 1809, modifié par l'avis du conseil-d'état du 20 février 1810, art. 1<sup>er</sup>.)

Art. 47. — Les conseils de prud'hommes sont établis sur la demande motivée des chambres de commerce ou des chambres consultatives des manufactures. Cette demande est d'abord communiquée au préfet qui examine si elle est de nature à être accueillie. Il la transmet ensuite au ministre de l'intérieur, qui avant d'en rendre compte à l'autorité supérieure, s'assure si l'industrie qui s'exerce dans la ville est assez importante pour faire autoriser la création d'un conseil de prudhommes, *idem*, art. 2.

Art. 48. — Les conseils de prud'hommes sont renouvelés en partie chaque année, le premier jour du mois de janvier dans les proportions qui suivent :

Si le conseil est composé de cinq membres, il ne sera renouvelé la première année qu'un prudhomme, marchand-fabricant.

La seconde année il sera renouvelé un prudhomme marchand-fabricant, et un prudhomme chef d'atelier,

contre-maître, teinturier ou ouvrier patenté.

La troisième année *idem*.

Si le conseil est composé de sept membres, il sera renouvelé, la première année, deux prudhommes, marchands-fabricans, et un prudhomme chef d'atelier ou contre-maître, etc.

La deuxième année un prudhomme marchand fabricant et un prudhomme chef d'atelier.

La deuxième année, deux prudhommes marchands fabricans et un prudhommes chef d'atelier.

La troisième année *idem*.

Si le conseil est composé de neuf membres, il sera renouvelé la première année, un prudhomme marchand-fabricant et deux prudhommes chefs d'atelier.

La troisième année *idem*.

Si le conseil est composé de quinze membres, il sera renouvelé la première année, deux prudhommes marchands-fabricans et un prudhomme chef d'atelier.

La deuxième année, trois prudhommes marchands-fabricans et trois prudhommes chefs d'atelier.

La troisième année *idem*.

Le sort désignera ceux des prudhommes qui seront renouvelés la première et la deuxième année.

Dans les autres années ce seront les plus anciens nommés.

Les prudhommes seront toujours rééligibles *idem*, art. 3. (1)

___

et, — 14 août 1829; NANCY, 10 février 1830; BAPAUME, 8 avril 1832; CONDE-SUR-NOIREAU, 9 janvier 1832; VILLEFRANCHE, 1<sup>er</sup> mai 1832.

(1) Par ordonnance des 15 janvier, — 17 février 1832. — Le conseil des prudhommes de Lyon a été fixé à vingt-cinq membres. La fabrique d'étoffes de soie, nomme dix-sept prudhommes, dont neuf marchands fabricans et huit chefs d'ateliers ou ouvriers; possédant, en propriété, au moins quatre métiers.

La fabrique de bonneterie et de gimperie nomme deux prudhommes, dont un marchand fabricant, et l'autre chef d'atelier ou ouvrier patenté.

La fabrique de rubans, de passementerie et

SECTION 2e. — *Des attributions des conseils de prudhommes.*

Art. 49. — Les conseils de prudhommes sont chargés de veiller à l'exécution des mesures conservatrices de la propriété des marques empreintes aux différens produits de la fabrique, *idem*, art. 4.

Art. 50. — Tout marchand-fabricant qui voudra pouvoir revendiquer devant les tribunaux la propriété de sa marque, sera tenu d'en adopter une assez distincte des autres marques, pour qu'elles ne puissent être confondues et prises l'une pour l'autre. *Idem*, art. 5.

Art. 51. — Les conseils de prudhommes réunis sont arbitres de la suffisance ou insuffisance de différence entre les marques déjà adoptées et les nouvelles qui seraient déjà proposées, ou même entre celles déjà existantes; et en cas de contestation, elle sera portée au tribunal de commerce, qui prononcera après avoir vu l'avis du conseil de prudhommes. *Idem*, art. 6.

Art. 52. — Indépendamment du dépôt ordonné par l'art. 18 de la loi du 22 germinal an XI au greffe du tribunal de commerce, nul ne sera admis à intenter une action en contrefaçon de sa marque, s'il n'a en outre déposé un modèle de cette marque au secrétariat du conseil de prudhommes. *Idem*, art. 7. (1)

Art. 53. — Il sera dressé procès-verbal de ce dépôt sur un registre en papier timbré, ouvert à cet effet et qui sera coté et paraphé par le conseil de prudhommes. Une expédition de ce procès-verbal sera remise au fabricant pour lui servir de titre contre les contrefacteurs. *Idem*, art. 8.

Art. 54. — S'il était nécessaire, comme dans les ouvrages de quincaillerie et de coutellerie, de faire empreindre la marque sur des tables particulières, celui à qui elle appartient paiera une somme de six francs entre les mains du receveur de la commune. Cette somme ainsi que toutes les autres qui seraient comptées pour le même objet, seront mises en réserve et destinées à faire l'acquisition des tables et à les entretenir. *Idem*, art. 9.

SECTION IIIe. — *De la juridiction des conseils de prudhommes.*

Art. 55. — Nul n'est justiciable des conseils de prudhommes s'il n'est marchand-fabricant, chef d'atelier, contremaître, teinturier, ouvrier, compagnon ou apprenti; ceux-ci cesseront de l'être dès que les contestations porteront sur des affaires autres que celles qui sont relatives à la branche d'industrie qu'ils cultivent et aux conventions dont cette industrie aurait été l'objet : dans ce cas ils doivent s'adresser aux juges ordinaires. (1) art. 10. *Idem.*

Art. 56. — La juridiction des conseils de prudhommes s'étend sur tous les marchands fabricans, les chefs d'ateliers, contre-maîtres, teinturiers, ouvriers, compagnons et apprentis, travaillant pour la fabrique du lieu ou du canton de la situation de la fabrique,

---

de tirage d'or, trois, dont deux marchands-fabricans, et un chef d'atelier ou ouvrier patenté.

La fabrique de chapeaux, trois, dont deux marchands fabricans et un contre-maître ou ouvrier patenté, (même ordonnance, et décret du 8 novembre 1810.)

(1) Voyez l'ordonnance du 17 août 1825.

---

(1) Ainsi un fabricant de draps ne pourrait pas être poursuivi devant les prudhommes en paiement de la laine qu'il aurait achetée, ou s'il a vendu du drap à un marchand détaillant, les prudhommes ne connaîtront pas de la livraison; il faut que la contestation naisse des rapports particuliers qu'ont établi l'industrie de l'un et l'usage que l'autre en a fait pour son commerce.

quel que soit l'endroit de la résidence des ouvriers. *Idem*, art. 11 (1).

Art. 57. — Les conseils de prudhommes ne connaissent que comme arbitres des contestations entre fabricans ou marchands pour les marques, et entre un fabricant et ses ouvriers et contre-maitres, des difficultés relatives aux opérations de la fabrique. *Idem*, art. 12.

SECTION IV. — *Mode de nomination et installation des prudhommes.*

Art. 58. — Les prudhommes sont élus dans une assemblée générale tenue à cet effet; cette assemblée sera convoquée huit jours à l'avance par le préfet, présidée par lui ou par celui des fonctionnaires publics de l'arrondissement qu'il désignera. *Idem*, art. 13.

Art. 59. — Tout marchand fabricant, tout chef d'atelier, contre-maître, teinturier ouvrier, qui voudra voter dans l'assemblée, sera tenu de se faire inscrire sur un registre à ce destiné, qui sera ouvert à l'Hôtel-de-Ville. Nul ne sera inscrit que sur la représentation de sa patente; les faillis en sont exclus. *Idem*, art. 14 (2).

Art. 60. — Pour la première année seulement de la création du conseil le maire dresse la liste des votans qui sont seuls admis à l'assemblée. *Idem*, art. 15.

Art. 61. — En cas de contestation sur le droit d'assistance à l'assemblée, il est statué par le préfet, sauf le recours au conseil-d'état. *Idem*, art. 16.

Art. 62. — Il est nommé par le préfet ou par celui des fonctionnaires publics qu'il a désigné pour présider l'assemblée, un secrétaire et deux scrutateurs.

L'élection des prudhommes est faite au scrutin individuel, à la majorité absolue des suffrages; nul ne peut être élu s'il n'a trente ans accomplis. *Idem*, art. 17.

Art. 63. — Afin de remplacer les prudhommes qui viendraient à mourir ou à donner leur démission pendant l'exercice de leurs fonctions, il est nommé deux suppléans dont l'un est choisi parmi les marchands fabricans et l'autre parmi les chefs d'atelier, les contre-maitres, les teinturiers ou les ouvriers patentés. *Idem*, art. 18.

Art. 64. — L'élection terminée il est dressé procès-verbal qui est déposé à la mairie. L'assemblée ne peut délibérer ni s'occuper d'autre chose que de l'élection. *Idem*, art. 19.

Art. 65. — Les prudhommes prêtent entre les mains du préfet ou du fonctionnaire public qui le remplace, serment d'obéissance aux lois et fidélité au roi, et de remplir leurs devoirs avec zèle et intégrité. *Idem*, art. 20.

SECTION V. — *Du bureau particulier et du bureau général des prudhommes.*

Art. 66. — Le bureau particulier

---

(1) Les conseils de prudhommes ne sont compétens que pour connaître des contestations qui s'élèvent entre des fabricans et des ouvriers, ou des contestations de chefs d'ateliers, ouvriers, compagnons, apprentis, entre eux. Ils ne peuvent connaître des contestations entre deux fabricans. (*Arrêt de la cour de cassation*, 3 février 1825.)

(2) Les neuf prudhommes, marchands fabricans de soierie à Lyon, sont élus dans une assemblée générale de tous les marchands fabricans qui justifient de leur patente. (*Ordonnance des 13 janvier et 17 février* 1832.) Pour l'élection des huit prudhommes chefs d'atelier ou ouvriers en soierie, la ville de Lyon et les communes de Vaise, la Croix-Rousse, Calvire et la Guillotière seront, par arrêté du préfet du Rhône, divisées en huit arrondissemens; dans chacun desquels un desdits prudhommes est nommé par les chefs d'atelier ou ouvriers domiciliés dans l'arrondissement qui justifient de la possession de quatre métiers, même ordonnance, art. 3. Le mode d'inscription des électeurs et le délai dans lequel elle doit avoir lieu, sont déterminés par arrêté du préfet. *Idem*, art. 4. Au moyen de ces disposition, la fabrique de soie ne nomme plus de prudhommes suppléans. *Idem*, art. 5.

des prudhommes est composé de deux membres, dont l'un est marchand fabricant et l'autre chef d'atelier, contre-maître, teinturier ou ouvrier patenté, il s'assemble tous les deux jours, si le conseil est de cinq ou sept membres, et tous les jours s'il est composé de neuf ou de quinze membres; il tient ses séances depuis onze heures du matin jusqu'à une heure. (Décret du 20 février 1810, art. 21)

Art. 67. — Il concilie les parties; s'il ne le peut pas, il les renvoie devant le bureau général. *Ibid*, art. 22.

Art. 68. — Le bureau général ou conseil se réunit une fois par semaine au moins, il connait au civil, de toutes les affaires qui n'ont pu être conciliées quelle que soit la somme qui en est l'objet. *Idem*, art. 23.

Art. 69. — Le bureau général ne peut prendre de délibération que dans une séance ou les deux tiers au moins de ses membres se trouvent présens.

Ses délibérations sont formées par l'avis de la majorité absolue des membres présens ( de la moitié plus un ). *Idem*, art. 24.

Art. 70. — Il est nommé par le bureau général des prudhommes un président et un vice-président; ce président et ce vice-président ne seront en exercice que pendant une année, à l'expiration de laquelle il sera procédé à une nouvelle élection; l'un et l'autre seront toujours rééligibles. *Idem*, art. 25.

Art. 71. — Il est attaché au bureau général des prudhommes un secrétaire pour avoir soin des papiers et tenir la plume pendant leurs séances; il est nommé à la majorité absolue des suffrages: il pourra être révoqué à volonté; mais dans ce cas, la délibération devra être signée par les deux tiers des prudhommes. *Idem*, art. 26.

Art. 72. — Les jugemens du conseil sont définitifs et sans appels si la condamnation n'excède pas cent francs en principal et accessoires. Au-dessus de cent francs ils sont sujets à l'appel devant le tribunal de commerce de l'arrondissement, et à défaut de ce tribunal devant celui de première instance. (Décret du 3 août 1810, art. 2.

Art. 73. — Lesdits jugemens, jusqu'à concurrence de 300 francs, sont exécutoires par provision nonobstant l'appel, et sans qu'il soit besoin, pour la partie qui a obtenu gain de cause, de fournir caution; au-dessus de 300 francs ils sont exécutoires par provision en fournissant caution. *Idem*, art. 3.

Art. 74. — Les jugemens rendus par le bureau général ou conseil sont mis à exécution vingt-quatre heures après la signification et provisoirement sauf l'appel comme il est dit ci-dessus, ils sont signés du président ou vice-président, contresignés par le secrétaire, et signifiés par l'huissier du conseil des prudhommes. *Idem*, art. 27.

Art. 75. — Dans les cas urgens, les conseils des prudhommes et même les bureaux particuliers, peuvent ordonner les mesures nécessaires pour empêcher l'enlèvement, déplacement ou détérioration des objets qui donnent lieu à la réclamation. *Idem*, art. 28.

SECTION VI.—*Attributions des prud-hommes en matière de police.*

Art. 76. — En matière de police, tout délit tendant à troubler l'ordre ou la discipline de l'atelier, tout manquement grave des apprentis envers leurs maitres, peuvent être punis par les prudhommes d'un emprisonnement de trois jours au plus. L'expédition du prononcé des prudhommes est mise à exécution par le premier agent de police de la force publique sur ce requis. *Idem*, art. 4.

SECTION VII. — *Des citations.*

Art. 77.—Tout marchand-fabricant, tout chef d'atelier, tout contre-maître, tout teinturier, tout ouvrier, compagnon ou apprenti, appelé devant les prudhommes, est tenu, sur une simple lettre de leur secrétaire, de s'y rendre en personne, au jour et à l'heure fixés, sans pouvoir se faire remplacer, hors le cas d'absence ou de maladie; alors seulement il est admis à se faire représenter par un de ses parens, négociant ou marchand exclusivement, porteur de sa procuration. *Idem*, art. 29.

Art. 78. — Si celui qui aurait été invité par le secrétaire à se rendre au bureau particulier ou au bureau général des prudhommes ne comparaît pas, il lui est envoyé une citation qui lui est remise par l'huissier attaché au conseil. Cette citation, qui contiendra la date des jours, mois et an, les noms, profession et domicile du demandeur, les noms et demeure du défendeur, énoncera sommairement les motifs qui le font appeler. *Idem*, art. 30.

Art. 79. — La citation est notifiée au domicile du défendeur et il y aura un jour au moins entre celui où elle aura été remise et le jour indiqué pour la comparution, si la partie est domiciliée dans la distance de trois myriamètres ( six lieues environ ), si elle est domiciliée au-delà de cette distance il sera ajouté un jour par trois myriamètres. (*Idem*, art. 31.)

Art. 80. — Dans les cas où les délais n'auraient pas été observés, si le défendeur ne paraît pas, les prudhommes ordonneront qu'il lui sera envoyé une nouvelle citation : alors les frais de la première citation seront à la charge du demandeur. *Idem*, même article.

SECTION VIII. — *Des séances des bureaux de prudhommes et de la comparution des parties.*

Art. 81. — Aujour fixé par la lettre du secrétaire ou par la citation de l'huissier, les parties comparaîtront devant le bureau particulier des prudhommes, sans pouvoir être admis à faire signifier aucune défense. *Idem*, art. 32.

Art. 82. — Elles seront tenues de s'expliquer avec modération et de se conduire avec respect : si elles ne le font pas elles seront d'abord rappelées à leurs devoirs, par un avertissement du prudhomme marchand fabricant; en cas de récidive, le bureau particulier peut les condamner à une amende qui n'excèdera pas dix francs, avec affiche du jugement dans la ville ou siége le conseil. *Idem*, art. 33.

Art. 83. — Dans le cas d'insulte ou d'irrévérence grave, le bureau particulier en dressera procès-verbal, et pourra condamner celui qui s'en sera rendu coupable, à un emprisonnement dont la durée ne pourra excéder trois jours. *Idem*, art. 34.

Art. 84. — Les jugemens dans les cas prévus par les deux précédens articles seront exécutoires par provision. *Idem*, art. 35.

Art. 85. — Les parties seront d'abord entendues contradictoirement, le bureau particulier ne négligera rien pour les concilier; s'il ne peut y parvenir, il les renverra devant le bureau général qui statuera sur-le-champ. *Idem*, art. 36.

Art. 86. — Lorsqu'une des parties déclarera vouloir s'inscrire en faux, déniera l'écriture ou déclarera ne pas la reconnaître, le président du bureau général lui en donnera acte, il paraphera la pièce et renverra la cause devant les juges auxquels en appartient la connaissance. *Idem*, art. 37.

Art. 87. — L'appel des jugemens des conseils de prudhommes ne sera pas recevable après les trois mois de la signification faite par l'huissier attaché à ces conseils. *Idem*, art. 38.

Art. 88. — Les minutes de tont jugement seront portées par le secrétaire sur la feuille de la séance, signées par les prudhommes qui auront été présens et contresignées par lui. *Idem*, art. 40.

SECTION IX.—*Des jugemens par défaut et des oppositions à ces jugemens.*

Art. 89. — Si au jour indiqué par la lettre du secrétaire ou par la citation de l'huissier, l'une des parties ne comparaît pas, la cause sera jugée par défaut, sauf l'envoi d'une nouvelle citation dans le cas prévu à l'article 80. *Idem*, art. 41.

Art. 90. — La partie condamnée par défaut pourra former opposition dans les trois jours de la signification faite par l'huissier du conseil.

Cette opposition contiendra sommairement les moyens de la partie et assignation au premier jour de la séance du conseil des prudhommes, en observant, toutefois, les délais prescrits pour les citations; elle indiquera en même temps les jour et heure de la comparution, et sera notifiée ainsi qu'il est dit ci-dessus. *Idem*, art. 42.

Art. 91. — Si le conseil des prudhommes sait par lui même ou par les représentations qui lui seraient faites par les proches voisins ou amis du défendeur que celui-ci n'a pu être instruit de la contestation, il pourra, en adjugeant le défaut, fixer pour le délai de l'opposition le temps qui lui paraîtra convenable, et dans le cas ou la prorogation n'aurait été ni accordée d'office, ni demandée, le défaillant pourra être relevé de la rigueur de la loi, et admis à opposition, en justifiant qu'à raison d'absence ou de maladie grave, il n'a pu être instruit de la contestation. *Idem*, art. 43.

Art. 92. — La partie opposante qui se laisserait une seconde fois juger par défaut ne serait plus admis à former une nouvelle opposition. *Idem*, art. 44.

SECTION X.—*Des jugemens qui ne sont pas définitifs et de leur exécution.*

Art. 93.—Les jugemens qui ne sont pas définitifs ne seront pas expédiés quand ils auront été rendus contradic-toirement et prononcés en présence des parties. Dans le cas, où le jugement ordonnerait une opération à laquelle les parties devraient assister, il indiquera le lieu, le jour et l'heure, et la prononciation vaudra citation. *Idem*, art. 45.

Art. 94. — Toutes les fois qu'un ou plusieurs prudhommes jugeront devoir se transporter dans une manufacture ou dans des ateliers pour apprécier par leurs propres yeux l'exactitude de quelques faits qui auraient été allégués, ils seront accompagnés de leur secrétaire, qui apportera la minute du jugement préparatoire. *Idem*, art. 46.

Art. 95. — Il n'y aura lieu à l'appel des jugemens préparatoires qu'après le jugement définitif et conjointement avec l'appel de ce jugement; mais l'exécution des jugemens préparatoires ne portera aucun préjudice aux droits des parties sur l'appel, sans qu'elles soient obligées de faire à cet égard aucune protestation ni réserve. *Id.*, art. 47.

### SECT. XI. *Des enquêtes.*

Art. 96. — S'il y a lieu d'entendre des témoins sur des faits contraires, le conseil peut ordonner la preuve testimoniale : il en fixe précisément l'objet. Au jour indiqué, les témoins, après avoir dit leurs noms, professions, âge et demeures, s'ils sont parens ou alliés des parties, et à quel degré, s'ils sont serviteurs ou domestiques, font serment de dire la vérité. *Idem*, art. 48 et 49.

Art. 97. — Les témoins sont entendus séparément, hors ou en la présence des parties, suivant l'avis du conseil; les parties sont tenues de fournir leurs reproches avant la déposition et de les signer : si elles ne le savent ou ne le peuvent, il en est fait mention. *Idem*, art. 50.

Art. 98. — Les parties ne peuvent interrompre les témoins; mais le président peut, après les dépositions, et sur l'interpellation des parties ou d'office, faire aux témoins les questions qu'il juge convenables. *Idem*, 51.

Art. 99. — Dans les causes sujettes à l'appel, le secrétaire du conseil dresse procès-verbal de l'audition des témoins, chaque témoin signe sa déposition, où mention est faite qu'il ne veut ou ne peut signer ; le procès-verbal est signé du président et contresigné par le secrétaire. Il est procédé de suite au jugement, ou au plus tard à la première audience. *Idem*, art. 52.

Art. 100. — Dans les causes jugées en dernier ressort, il n'est pas dressé procès-verbal de l'audition des témoins ; mais le jugement énonce leurs noms, âge, profession et demeure, leur serment, leur déclaration, s'ils sont parens, alliés, serviteurs ou domestiques des parties, les reproches et les résultats des dépositions. *Idem*, art. 53.

Art. 101 — Le témoin parent ou allié de l'une des parties, jusqu'au degré de cousin germain, ou bien héritier présomptif ou donataire, ou le témoin qui aura bu ou mangé avec la partie depuis le jugement qui ordonne l'enquête, celui qui aura donné des certificats sur les faits relatifs au procès, le serviteur ou domestique, enfin celui qui a été condamné à une peine afflictive ou infamante, et même à une simple peine correctionnelle pour cause de vol, peut être reproché. (Code de procédure civile, art. 283.)

SECT. XII. — *Des récusation dès prudhommes.*

Art. 102. — Un ou plusieurs prudhommes pourront être récusés,

1° Quand ils auront un intérêt personnel à la contestation ;

2° Quand ils seront parens ou alliés de l'une des parties, jusqu'au degré de cousin germain inclusivement :

3° Si dans l'année qui a précédé la récusation il y a eu procès criminel entre eux, et l'une des parties, ou son conjoint, ou ses parens et alliés en ligne directe ;

4° S'il y a procès civil existant entre eux et l'une des parties et son conjoint.

5° S'ils ont donné un avis écrit dans l'affaire. *Idem*, 54.

Art. 103. — La partie qui veut récuser un ou plusieurs prudhommes est tenue de former la récusation et d'en exposer les motifs par un acte qu'elle fait signifier au secrétaire du conseil, par le premier huissier requis ; l'exploit doit être signé sur l'original et la copie, par la partie ou son fondé de pouvoirs.

La copie est déposée sur le bureau du conseil et communiquée immédiatement au prudhomme qui est récusé. *Idem*, art. 55.

Art. 104. — Le prudhomme est tenu de donner au bas de cet acte, dans le délai de deux jours, sa déclaration par écrit, portant ou son acquiescement à la récusation, ou son refus de s'abstenir, avec ses réponses aux moyens de récusation. *Idem*, art. 56.

Art. 105. — Dans les trois jours de la réponse du prudhomme qui refuse de s'abstenir, ou faute par lui de répondre, une expédition de l'acte de récusation et de la déclaration du prudhomme, s'il y en a, est envoyée par le président du conseil, au président du tribunal de commerce dans le ressort duquel le conseil est situé. La récusation y est jugée en dernier ressort dans la huitaine, sans qu'il soit besoin d'appeler les parties. *Idem* art. 57.

SECT. XII. — *Tarif des frais.*

Art. 106. — Les parties peuvent toujours se présenter volontairement devant les prudhommes, et à leur défaut devant les maires pour être conciliés par eux, elles déclarent et signent qu'elles demandent leurs bons offices ; si elles ne savent signer, il en est fait mention. Il ne doit rien être payé pour cet objet. *Idem*, art. 58

Art. 107. — Il est payé au secrétaire du conseil de prudhommes,

Pour lettres d'invitation, . . . 0 f. 30 c.

Par rôle d'expédition, 20 lignes à la page, 10 syllabes à la ligne, . . . . . 0 40

Expédition d'un procès-verbal de non conciliation, 0 80

*Idem.* Procès-verbal de dépôt du modèle d'une marque, . . . . . . . 3 00

Au greffier du tribunal de commerce, pour expédition du procès-verbal de dépôt du modèle d'une marque, 3 00

A l'huissier, chaque citation . . . . . . . 1 25

Signification du jugement, 1 75

S'il y plus d'un demi-myriamètre de distance, il est payé par myriamètre, aller et retour,

Citation . . . . . . 1 75

Signification, . . . . 2 00

Copie de pièces par chaque rôle de 20 lignes à la page, et de 10 syllabes à la ligne, 0 20

Dans ces taxations sont compris les frais de papier, registre et expédition. *Idem*, art. 60.

Art. 108. — La taxe des témoins est de la valeur d'une journée de travail, et même une double journée si le témoin a été obligé de se faire remplacer dans sa profession, le tout suivant la prudence du conseil.

Le témoin sans profession est taxé à 2 francs.

Il est alloué au témoin qui n'est pas domicilié dans le canton où il est entendu, ou s'il y est domicilié à la distance de plus de deux myriamètres et demi du lieu où il fera sa déposition, autant de fois une double journée de travail, ou 4 fr., qu'il y a de fois cinq myriamètres entre son domicile et le lieu où il dépose. *Idem*, art. 59.

Art. 109. — Au moyen de la taxation dont vient d'être parlé, les frais de papier, de registre et d'expédition, seront à la charge des secrétaires des conseils de prudhommes et des greffiers des tribunaux de commerce. *Idem*, art. 62.

Art. 110. Tout secrétaire des conseils de prudhommes, tous greffiers des tribunaux de commerce, tout huissier convaincu d'avoir exigé une taxe plus forte que celle qui leur est allouée, est puni comme concussionnaire. *Id.*, art. 63.

SECT. XIII. — *Dispositions générales.*

Art. 111. — Le conseil de prudhommes tient registre exact du nombre de métiers existant dans la commune, et du nombre d'ouvriers de tout genre employés dans les fabriques : il communique ces renseignemens à toute réquisition à la Chambre du commerce. A cet effet, les prudhommes peuvent faire dans les ateliers une ou deux inspections par an, après en avoir prévenu le propriétaire deux jours avant. Celui-ci est tenu de leur donner un état exact du nombre de métiers qu'il a en activité et des ouvriers qu'il emploie. (Loi du 18 mars 1806, et Décret précité, art. 64.)

Art. 112. — L'inspection des prudhommes a pour objet unique d'obtenir des informations sur le nombre de métiers et d'ouvriers, sans pouvoir en aucun cas en profiter pour exiger la communication des livres d'affaires et des procédés de fabrication que l'on voudrait tenir secrets. (Décret précité, art. 65.)

Art. 113. — Si, pour leur inspection, les prudhommes ont besoin du concours de la police municipale, elle est tenue de leur fournir tous les renseignemens et facilités qui sont en son pouvoir. *Idem*, art. 66.

Art. 114. — Les conseils de prudhommes ne peuvent s'immiscer dans la délivrance des livrets. *Idem*, art. 67.

Art. 115. — Les conseils de prudhommes constatent, d'après les plain-

*tes qui leur sont faites , les contraventions aux lois et réglemens, les soustractions de matières premières par les ouvriers , et les infidélités des teinturiers. Ils peuvent , dans les cas ci-dessus et sur la réquisition des parties, faire au nombre de deux au moins, dont un fabricant et un chef d'atelier , et assisté d'un officier public , des visites chez les fabricans , chefs d'ateliers , ouvriers et compagnons ; leurs procès-verbaux sont envoyés avec les objets saisis aux tribunaux compétens. (Loi précitée, du 18 mars 1806 ; art. 10 et 13.)

Art. 116. — Tout chef d'atelier se pourvoit au conseil des prudhommes d'un double livre d'acquit pour tous les métiers qu'il fait travailler, sur lequel registre sont inscrits son nom et son domicile. Le conseil tient registre des livres d'acquit qu'il délivre. (*Idem*, art. 20 et 21.)

Art. 117. — Le chef d'atelier dépose le livre d'acquit du métier qu'il destine au négociant manufacturier entre les mains de ce dernier, et peut en exiger un récépissé. Lorsque le chef d'atelier cesse de travailler pour le négociant, celui-ci note sur son livre d'acquit si le chef d'atelier a soldé son compte ou la somme qu'il doit; et fait aussi viser le livre par les autres négocians occupant des métiers dans le même atelier, et ils y énoncent ce que peut leur devoir ledit chef d'atelier. (*Idem*, art. 23 et 24.)

Art. 118. — Lorsque le chef d'atelier est resté débiteur du négociant, celui qui lui donne ensuite de l'ouvrage s'engage à lui retenir le huitième du prix des façons dudit ouvrage , au profit du négociant dont la dette est la plus ancienne inscrite sur le livre d'acquit , et ainsi successivement ; mais si le chef d'atelier a quitté le négociant sans son consentement ou sans cause légitime, celui qui l'occupe ensuite est tenu de solder celui qui est resté créancier en compte de matières , nonobstant toute

dette antérieure, et le compte d'argent jusqu'à 500 fr. (*idem*, art. 25.)

Art. 119. — Le négociant manufacturier qui donne de l'ouvrage à un chef d'atelier , dépourvu de livre d'acquit pour le métier que le négociant veut occuper, est condamné à payer comptant ce que le chef d'atelier peut devoir en compte de matières , et en compte d'argent jusqu'à 500 fr. (*Idem*, art. 27.)

Art. 120. — La date des dettes contractées par les chefs d'ateliers envers les négocians qui les ont occupés , est regardée comme certaine après l'apurement des comptes , l'inscription de la dette sur le livre d'acquit , et le visa des prudhommes. *Idem*, art. 26.

Art 121. — Lesdites inscriptions de compte soldé ou de dettes , sont faites par le négociant manufacturier sur le livre d'acquit resté entre les mains de l'ouvrier, comme sur le sien. *Idem*, art. 28.

Sect. XIV. — *Du local où se tiennent les conseils de prudhommes , et des frais qu'entraînent leurs séances.*

Art. 122. — Le local nécessaire aux Conseils de prudhommes pour la tenue de leurs séances est fourni par les villes où ils sont établis. (Décret du 20 février 1810 , art. 68.)

Art. 123. — Les dépenses de premier établissement sont pareillement acquittées par ces villes; il en est de même des dépenses ayant pour objet le chauffage , l'éclairage et les autres menus frais. *Idem*, art. 69.

Art. 124. — Le président du Conseil des prudhommes présente chaque année , au maire, l'état des dépenses désignées dans l'article ci-dessus ; celui-ci les comprend dans son budget, et lorsqu'elles ont été approuvées, il en ordonnance le paiement , d'après les demandes particulières qui lui en sont faites. *Idem*, art. 70.

SECT. XV. — *Marques distinctives.*

Art. 125.—Les membres des Conseils de prudhommes portent dans l'exercice de leurs fonctions, soit à l'audience, soit dehors, une médaille d'argent suspendue à un ruban noir en sautoir, et conforme au modèle arrêté par le gouvernement. (Ordonnance du 12—25 novembre 1828.)

## TITRE V.
### DES PATENTES.

Art. 126.—Tout chef d'atelier est soumis à une patente lorsqu'il travaille et fait travailler chez lui.

Il en est de même de tout ouvrier qui travaille chez lui pour compte d'autres marchands ; les seuls ouvriers qui travaillent dans les maisons ou boutiques en étant exemptés, suivant la loi du 1er brumaire an VII. (Arrêt de la Cour de cassation du 17 juin 1825.)

## TITRE VI.
### DES DEVIS ET MARCHES.

Art. 127.—Lorsqu'on charge un ouvrier de faire un ouvrage, on peut convenir qu'il fournira seulement son travail ou son industrie, ou qu'il fournira aussi la matière. (C. C., art. 1687.)

Art. 128.—Si, dans le cas où l'ouvrier fournit la matière (1), la chose vient à périr, de quelque manière que ce soit, avant d'être livrée, la perte est pour l'ouvrier, à moins que le maître ne fût en demeure (2) de la recevoir. *Idem*, art. 1788.

Art. 129.—Dans le cas où l'ouvrier fournit seulement son travail ou son industrie, si la chose vient à périr, l'ouvrier n'est tenu que de sa faute. *Idem*, art. 1789.

Art. 130. — Si, dans le cas de l'article précédent, la chose vient à périr, quoique sans aucune faute de la part de l'ouvrier, avant que l'ouvrage ait été reçu, et sans que le maître fût en demeure de le vérifier, l'ouvrier n'a pas de salaire à réclamer, à moins que la chose n'ait péri par le vice de la matière. *Idem*, art. 1790.

Art. 131. — S'il s'agit d'un ouvrage à plusieurs pièces ou à la mesure, la vérification peut s'en faire par partie ; elle est censée faite pour toutes les parties payées, si le maître paie l'ouvrier en proportion de l'ouvrage fait. *Idem*, art. 1791 (1).

Art. 132. — Le maître peut résilier, par sa seule volonté, le marché à forfait, quoique l'ouvrage soit déjà commencé, en dédommageant l'ouvrier de toutes ses dépenses, de tous ses travaux, et de tout ce qu'il aurait pu gagner dans l'entreprise. *Idem*, art. 1794.

Art 133. — Le contrat de louage d'ouvrage est dissout par la mort de l'ouvrier. *Idem*, art. 1795 (2).

Art. 134. — Mais le propriétaire est tenu de payer en proportion du prix porté par la convention, à leur succession, la valeur des ouvrages faits et celle des matériaux préparés lors seulement que ces travaux et ces matériaux peuvent lui être utiles. *Idem*, art. 1796.

Art. 135. — Les maçons, charpentiers et autres ouvriers qui ont été employés à la construction d'un bâtiment ou d'autres ouvrages faits à l'entreprise, n'ont d'action contre celui pour lequel les ouvrages ont été

---

(1) Il en serait de même si le maître fournissait la chose principale et l'ouvrier le surplus ; chaque chose périrait pour son propriétaire, à moins que le maître ne fût en demeure de la recevoir.

(2) On met en demeure le maître de recevoir sa chose en lui faisant sommation par huissier de la retirer aux conventions arrêtées entre lui et l'ouvrier.

(1) Lorsque l'ouvrage se fait à forfait, l'ouvrier ne peut exiger qu'il soit vérifié par partie ; il ne peut l'être qu'après son entière confection.

(2) Il ne l'est pas par la mort du maître, parce qu'on choisit l'ouvrier : mais il est à peu près indifférent pour l'ouvrier de travailler pour tel ou tel maître.

faits, que jusqu'à concurrence de ce dont il se trouve débiteur envers l'entrepreneur au moment où leur action est intentée. *Ibid*, art. 1798.

Art. 136. — Les maçons, charpentiers, serruriers, et autres ouvriers qui font directement des marchés à prix faits, sont entrepreneurs dans la partie qu'ils traitent. *Idem*, art. 1799 (1).

---

## PARTIE PÉNALE.

### TITRE Ier.

#### DES CONTRAVENTIONS DE POLICE.

Art. 137. — Sont punis d'amende depuis un franc jusqu'à cinq francs inclusivement:

1° Ceux qui négligent de réparer leurs fours ou cheminées, et qui violent la défense de tirer en certains lieux des feux d'artifice.

2° Ceux qui négligent de nettoyer les rues et passages, lorsque cela est ordonné ; ceux qui encombrent la voie publique ou refusent d'obéir à l'autorité municipale.

3° Ceux qui exposent ou jettent au-devant de leur demeure des choses de nature à nuire par leur chute ou par des exhalaisons insalubres.

4° Ceux qui laissent dans les rues ou lieux publics ou dans les champs, des coutres de charrue, pinces, barres de fer, instrumens ou armes dont puissent abuser les malfaiteurs.

5° Ceux qui sans autre circonstance prévue cueillent et mangent sur le lieu même des fruits appartenant à autrui.

6° Ceux qui sans être provoqués auraient proféré contre quelqu'un des injures légères.

7° Ceux qui auroient imprudemment jeté des immondices sur quelqu'un.

8° Ceux qui entrent ou passent sur le terrain d'autrui ou sur une partie de ce terrain s'il est préparé ou ensemencé ou qui laissent passer les bestiaux, bête de trait ou de monture avant l'enlèvement des récoltes.

9° Ceux qui violent les réglemens municipaux, faits conformément aux lois (1) Loi du 28 avril 1832, art. 95,

Art. 138. — Sont punis d'une amende depuis 6 francs jusqu'à 10 francs inclusivement, les rouliers, charretiers et conducteurs de voitures qui contreviennent aux réglemens qui leur prescrivent d'être à la tête de leurs chevaux, de les guider sur la voie publique, de se ranger et laisser libre la moitié de la voie publique.

2° Ceux qui tiennent dans les lieux publics des jeux et des loteries, et autres jeux de hasard, les tables, instrumens et enjeux, sont en outre saisis.

3° Ceux qui débitent des boissons falsifiées ; sans préjudice des autres peines plus graves s'il y a lieu, les boissons seront saisies ;

4° Ceux qui laissent vaguer des animaux féroces ou malfaisans, et qui ne retiennent pas leurs chiens lorsqu'ils attaquent ou poursuivent les passans lors même qu'il n'en résulterait pas de mal ;

5° Ceux qui jettent des pierres ou des

---

(1) En leur qualité d'entrepreneurs, ils seront pendant dix ans responsables des édifices construits par eux ; s'il vient à périr en tout ou en partie par le vice de la construction, même par vice du sol. C. C., art. 1792 ; ou s'ils se sont chargés à forfait d'un ouvrage, ils ne pourraient demander un supplément de prix pour changement ou augmentation faits aux plans, *si ces changemens et augmentations n'avaient pas été autorisés par écrit, et le prix convenu avec le propriétaire. Idem*, art. 1793.

(1) La défense faite par un réglement municipal à tous ouvriers, porte-faix ou autres de travailler sur le port d'un lieu, s'ils ne sont munis d'une commission du maire, est dans ses attributions, et le tribunal ne peut se dispenser de punir les contrevenans. (Cour de cassation, 12 avril 1822.)

immondices contre les maisons et clôtures d'autrui, ou dans les jardins et enclos, ou sur quelqu'un ;

6° Ceux qui refusent un travail ou service requis dans les cas d'accident, incendie, inondation, brigandage, pillage, flagrant délit. (Loi du 28 avril 1832, art. 96.)

Art. 139. — Sont punis d'une amende de 11 à 15 fr. :

1° Ceux qui occasionent la mort ou blessure des animaux d'autrui par imprudence ou défaut de précautions ;

2° Ceux qui vendent avec de faux poids et de fausses mesures ;

3° Les auteurs ou complices de bruits ou tapages injurieux ou nocturnes, troublant la tranquillité des habitans ;

4° Ceux qui enlèvent ou déchirent les affiches apposées par l'autorité, ou qui dégradent ou détériorent de quelque manière que ce soit les chemins publics. *Idem*, art. 100.

Art. 140. Dans le cas des deux articles qui précèdent, un emprisonnement de un à cinq jours peut être prononcé en certaines circonstances, Le *maximum* de la peine sera toujours prononcé en cas de récidive. *Idem*, art. 99.

# TITRE II.

## DES CRIMES ET DÉLITS.

Art. 141. — Toute tentative de crime qui a été manifestée par un commencement d'exécution, si elle n'a manqué son effet que par des circonstances indépendantes de la volonté de son auteur, est considérée comme le crime même. *Idem*, art. 13.

Art. 141 bis. — Les peines correctionnelles sont : 1° L'emprisonnement à temps dans un lieu de correction ; 2° l'interdiction à temps des droits civiques et de famille ; 3° l'amende. (C.P., art. 9.)

Les peines afflictives et infamantes sont : 1° La mort ; 2° les travaux forcés à perpétuité ; 3° la déportation (1) ; 4° les travaux forcés à temps ; 5° la détention ; 6° la réclusion (2).

Les peines seulement infamantes sont : 1° Le bannissement ; 2° la dégradation civique. *Idem*, loi du 28 avril 1832, art. 14 et 15.

SECT. I^re — *Des coalitions de maitres ou d'ouvriers.*

Art. 142. — Toute coalition entre ceux qui font travailler tendant à forcer abusivement et injustement l'abaissement des salaires, suivie d'une tentative ou commencement d'exécution, est punie d'un emprisonnement de six jours à un mois, et d'une amende de 2,000 f. à 3,000 fr. C. P., art. 414.

Art. 143. — Toute coalition de la part des ouvriers (3), pour faire cesser

---

(1). La peine de le déportation consiste à être transporté et à demeurer à perpétuité dans un lieu déterminé par la loi hors du territoire continental du royaume.

Si le déporté rentre sur le territoire du royaume, il est, sur la preuve de son identité, condamné aux travaux forcés à perpétuité.

Tant qu'il n'aura pas établi un lieu de déportation, le condamné subira à perpétuité la peine de la détention. C. P., art. 17 ; et loi du 28 avril 1832.

(2) Tout individu condamné à la peine de la réclusion sera renfermé dans une maison de force et employé à des travaux dont le produit doit être en partie appliqué à son profit, ainsi qu'il sera réglé par le gouvernement.

La durée de cette peine est de cinq ans au moins et de dix ans au plus. (C. P., art. 21.)

(3) Les mots *abusivement* et *injustement* introduits dans l'art. 414 du Code pénal prouvent qu'on n'a pas voulu frapper de peines sévères indistinctement toutes les assemblées d'ouvriers, et que la loi du 14 juin 1791, qui prohibait ces assemblées, *sous quelque prétexte que ce soit*, est implicitement abrogée. En effet, le droit qu'ont les ouvriers de conférer entre eux, de refuser leur travail lorsque les salaires ne leur paraissent pas suffisans, est un droit naturel dont les lois ne pouvaient pas les priver sans injustice. Dans les pays de manufactures les plus civilisés, les coalitions d'ouvriers, lorsqu'elles ne sont pas accompagnées de violences, n'ont jamais été considérées comme un crime ; et le gouverne-

en même temps de travailler, interdire le travail dans un atelier, empêcher

---

ment français, dans une circonstance récente, vient de mettre en pratique ce principe d'économie politique, *que le pouvoir doit le moins possible se mêler des contestations qui peuvent naître entre les maîtres et les ouvriers, sur la fixation du prix des salaires.*

Mais si les ouvriers coalisés prononcent des interdictions dans un ou plusieurs ateliers ; si par des menaces ou des violences ils forcent les ouvriers qui ne veulent pas entrer dans leur coalition à cesser ou à suspendre leurs travaux, ils commettent un des attentats les plus punissables dans un gouvernement libre, puisqu'ils empêchent quelques-uns de leurs concitoyens d'user de la propriété la plus sacrée, à savoir leur industrie personnelle, suivant leur volonté ou leurs besoins, et c'est avec raison que la loi punit ce délit.

Les coalitions d'ouvriers, même lorsqu'elles sont pacifiques, ont presque toujours des conséquences désastreuses pour eux. Souvent elles ruinent le propriétaire de l'établissement, ce qui réduit à la misère les ouvriers ; souvent aussi sans nuire au maître, elles sont fatales à l'ouvrier. C'est ainsi qu'en Angleterre on a dû les machines les plus ingénieuses pour la fabrication des armes à feu à des coalitions d'ouvriers ; la nécessité a animé le génie du fabricant et l'ouvrier a été privé d'ouvrage. Dans d'autres circonstances, le fabricant, fatigué par des réclamations injustes, a transporté sa manufacture soit dans un autre département, soit même dans un autre pays, au grand préjudice des ouvriers.

Non-seulement les coalitions, mais même la crainte de ces coalitions ont des résultats nuisibles pour les ouvriers, car elle engage l'entrepreneur à cacher à ses ouvriers l'étendue des commandes qui lui sont faites, et la durée probable du temps pendant lequel il pourra les employer. Dès lors ils ne peuvent prévoir le moment où le travail décroîtra ou cessera même brusquement, ni par conséquent aviser aux moyens de se procurer du travail ailleurs. Cette crainte, qui préoccupe le fabricant, l'engage aussi, lorsqu'il passe un marché, à ajouter à son prix une augmentation pour le risque qu'il redoute ; et si l'établissement comprend plusieurs branches, la nécessité d'avoir toujours des approvisionnemens suffisans pour ne pas être exposé à voir chômer toutes ses usines par suite d'une coalition qui se formerait parmi les ouvriers d'une des branches de l'établissement, le force

de s'y rendre ou d'y rester avant ou après certaines heures, et en général de suspendre, empêcher, enchérir les travaux, s'il y a eu tentative ou commencement d'exécution, sera puni d'un emprisonnement d'un mois au moins et de trois ans au plus ; les chefs et moteurs seront punis d'un emprisonnement de deux à cinq ans. (C. P. art. 415.)

Art. 444. — Seront punis de la peine portée en l'article précédent, et d'après les mêmes distinctions, les ouvriers qui auront prononcé des amen-

---

encore à augmenter le prix de son produit, puisqu'il perd l'intérêt de ses approvisionnemens extraordinaires, qui s'élèvent dans certaines usines à plus de 300,000 fr. Or l'élévation des prix diminue toujours la consommation, et par conséquent le travail.

Enfin, lors même qu'elles ont le succès qu'en attendent les ouvriers, les coalitions leur sont encore nuisibles, parce qu'il est rare que les luttes qui se prolongent souvent entre les maîtres et les travailleurs n'épuisent pas les petites économies que possédaient les ouvriers, et qu'ils réservaient pour des temps de maladie ou de détresse ; il arrive même quelquefois que, par un sentiment de fierté que nous n'osons pas blâmer, quoique nous regrettions qu'il prenne dans ces circonstances une mauvaise direction, les ouvriers préfèrent s'imposer les plus cruelles privations, plutôt que de consentir à retourner au travail moyennant les salaires primitifs. Pendant ces jours d'inoccupation, les travailleurs contractent de mauvaises habitudes, qu'il leur est fort difficile par la suite de déraciner. Les sentimens les plus honorables s'éteignent dans ces luttes où les passions sont mises en jeu, au grand préjudice des fabricans et des ouvriers, qui voient disparaître cette confiance réciproque qui entretenait l'activité des usines.

Ainsi les ouvriers doivent en général, dans l'intérêt de leur bien-être, s'abstenir des coalitions ; car au lieu d'augmenter leur aisance, elles portent souvent atteinte à leur existence et à celle de leur famille ; il est impossible que les salaires ne prennent pas rapidement un niveau équitable par la seule force des choses, et les ouvriers doivent attendre l'amélioration si désirable de leur sort du développement de l'industrie et de la prospérité nationale.

des , des défenses, des interdictions , ou toutes proscriptions connues sous le nom de *damnations* , ou sous quelques qualifications que ce puisse être , soit contre les directeurs d'ateliers ou entrepreneurs d'ouvrages , soit les uns contre les autres.

Dans le cas du présent article et de celui qui précède , les chefs ou moteurs pourront , après l'expiration de leur peine , être mis sous la surveillance de la haute police, pendant deux ans au moins et cinq ans au plus. (C. P. , art. 416.)

### Sect. II.— *Des attroupemens séditieux.*

Art. 145.—Est réputé attroupement séditieux tout rassemblement de plus de quinze personnes et s'opposant à l'exécution d'une loi , d'une contrainte ou d'un jugement.(Loi des 26—27 juillet, et 3 août 1791.)

Art. 146. Toutes personnes qui forment des attroupemens sur les places ou sur la voie publique , seront tenues de se disperser à la première sommation des autorités locales. Si l'attroupement ne se disperse pas, les sommations sont renouvelées trois fois et précédées d'un roulement de tambours ou d'un ton de trompe. (Loi du 9 avril 1831 , art. 1.)

Art. 147.—Les personnes qui, après la première sommation, continueront à faire partie d'un attroupement, peuvent être arrêtées et condamnées aux peines de simple police ; après la deuxième sommation , la peine est de trois mois d'emprisonnement, et après la troisième , la peine peut être élevée jusqu'à un an de prison. (*Idem* , art. 2 et 3.)

Art. 148. — La peine sera celle d'un emprisonnement de trois mois à deux ans: 1° contre les chefs et provocateurs de l'attroupement s'il n'est pas dissipé après la troisième sommation ; 2° contre tous individus porteurs d'armes apparentes ou cachées s'ils ont continué à faire partie de l'attroupement après la première sommation, et si l'attroupement a un caractère politique, ils pourront en outre être privés pendant trois ans au plus de l'exercice de tout ou partie des droits politiques. *idem*, art. 4 et 8.

### Section III. — *De la rébellion.*

Art. 149.—Toute attaque, toute résistance avec violence et voies de fait à la force publique, lors même qu'elle agirait en vertu d'un ordre illégal, constitue le crime de rébellion. (Code pénal, art. 209, arrêt de Cass. du 23 mars 1817 et (1) 5 janvier 1821.)

Art. 150. — Sont punis comme réunions de rebelles celles qui auraient été formées avec ou sans armes et accompagnées de violences ou de menaces contre l'autorité administrative, les officiers ou les agens de police, ou contre la force publique par des journaliers dans les ateliers publics ou manufactures. (Code pénal, art. 219.)

Art. 151. — La rébellion commise par plus de vingt personnes armées est punie des travaux forcés à temps, et s'il n'y a pas eu port d'armes , elle est punie de la réclusion.(C.pénal,art.210.)

S'il y avait plus de trois personnes et moins de vingt, la peine est celle de la réclusion ; s'il n'y a pas eu port d'armes, la peine est un emprisonnement de six mois au moins et de deux ans au plus. (C. pénal, art. 211.)

S'il n'y avait que une ou deux personnes avec armes, l'emprisonnement est de six mois à deux ans, et, si elle a eu lieu sans armes, d'un emprisonnement de six jours à six mois. (C. pénal, art. 212.)

---

(1) Cette jurisprudence , qui est d'ailleurs contrariée par quelques autres arrêts, n'est pas en harmonie avec le régime constitutionnel qui n'est qu'un gouvernement de légalité.

Art. 152. — Toute réunion d'indivi-dus pour un crime est réputée armée, lorsque plus de deux personnes portent des armes ostensibles, les personnes por-teurs d'armes cachées sont individuelle-ment punies comme si elles avaient fait partie d'une réunion armée. (C. pénal, art. 214 et 215.)

Art. 153. — Il n'est prononcé aucune peine contre ceux qui sans remplir au-cun emploi ni fonction dans les bandes se seront retirés au premier avertisse-ment des autorités civiles ou militaires, ou même depuis s'ils n'ont été saisis que hors du lieu de la rébellion sans nou-velle résistance et sans armes. (C. pénal, art. 100 et 213.)

Art. 154. — Est puni comme coupable de rebellion quiconque provoque à la rébellion par des discours tenus dans les réunions publiques, soit par des placards affichés soit par des écrits im-primés. Dans le cas où la rébellion n'au-rait pas lieu, le provocateur sera puni d'un emprisonnement de six jours au moins et d'un an au plus. (C. pénal, 217.)

Art. 155. — Les chefs d'une rébellion et ceux qui l'ont provoquée peuvent être condamnés à rester après l'expira-tion de leur peine sous la surveillance spéciale de la haute police pendant cinq ans au moins et dix ans au plus. (Code pénal, 221.)

SECT. IV. — *Crimes et délits contre les personnes.*

### § Ier. — *De l'homicide.*

Art. 156. — Tout coupable d'assassi-nat, d'infanticide ou d'empoisonnement est puni de mort. L'homicide commis volontairement, mais sans prémédita-tion, est puni des travaux forcés à per-pétuité. S'il est accompagné d'un autre crime ou délit, ou s'il a eu pour but de préparer ou faciliter ou d'assurer l'im-punité ou favoriser la fuite des auteurs ou complices du crime, il est puni de mort. (C. pénal, art. 295 et suiv. et loi du 28 avril 1832, art. 74.)

### § II. — *Du parricide.*

Art. 157. — Le parricide est puni de mort, il est conduit sur le lieu de l'exé-cution en chemise, nu-pieds et la tête couverte d'un voile noir. Il est exposé sur l'échafaud pendant qu'un huissier fait au peuple lecture de l'arrêt de condamnation, puis il est immédiate-ment mis à mort. (Loi du 28 avril, art. 16.)

### § III. — *Menaces.*

Art. 158. — Les menaces d'assassinat, d'empoisonnement ou tout autre atten-tat contre les personnes, par écrit ano-nyme ou signé, avec ordre de déposer une somme d'argent ou sous toute autre condition, sont punis des travaux forcés à temps. Les menaces faites sans con-dition sont punies d'emprisonnement pendant deux ans au moins et cinq ans au plus, et d'une amende de cent à six cents francs.

Si la menace est verbale l'emprison-nement est de six mois à deux ans et l'a-mende de 25 à 300 francs. Les coupa-bles peuvent en outre être mis sous la surveillance de la haute police pendant dix ans au plus. (C. pénal, 305 et suiv.)

### § IV. — *Coups et blessures.*

Art. 159. — Est puni de la réclusion tout individu qui porte volontairement des coups ou blessures à autrui, s'il en résulte une incapacité de travail pen-dant plus de vingt jours.

Si les blessures faites volontairement, mais sans intention de donner la mort l'ont cependant occasionnée, la peine est celle des travaux forcés à temps. (Loi citée, art. 72.)

Art. 160. — Dans les autres cas le coupable est puni d'un emprisonnement de six jours à deux ans et d'une amende de 16 à 200 francs, ou de l'une de ces deux peines seulement. S'il y a eu pré-méditation et guet-apens, l'emprison-nement est de deux à cinq ans et l'a-mende de 50 à 500 francs. (*Idem*, 73.)

Art. 161.— Tout individu qui frappe un magistrat dans l'exercice de ses fonctions ou à l'occasion de cet exercice, est puni d'un emprisonnement de deux à cinq ans. Si c'est à l'audience d'une cour ou d'un tribunal, le coupable est en outre puni de la dégradation civique, (*Idem*, 64 et 27.)

Art. 162. — S'il y a eu effusion de sang, blessures ou maladie, la peine est la réclusion, si la mort s'en est suivie dans les 10 jours, le coupable est puni des travaux forcés à perpétuité, et de mort si les blessures ont été faites dans l'intention de lui donner la mort. (*Idem*, 65 et 66.)

Art. 163. — Celui qui frappe le ministre d'un culte dans ses fonctions, est puni de la dégradation civique. (*idem*, 68.)

### § V. — *Faux témoignage.*

Art. 164. — Le faux témoin en matière criminelle est puni des travaux forcés à temps, ou si l'accusé a subi une plus forte peine, le faux témoin subit une peine égale.

En matière correctionnelle et civile le faux témoin est puni de la réclusion et en matière de simple police d'un emprisonnement de un à cinq ans. (C. P., art. 361 et loi citée. 80.)

S'il a reçu de l'argent ou une récompense, les peines sont : en matière correctionnelle ou civile, les travaux forcés à temps, en matière de police, la réclusion. (Loi citée, art. 82.)

Art. 165.— La subornation de témoins est punie des mêmes peines que le faux témoignage, *idem*, 83.

### § VI. — *Diffamations et injures.*

Art. 166.— Toute allégation ou imputation qui porte atteinte à l'honneur ou à la considération d'une personne est une diffamation. Toute expression outrageante, terme de mépris qui ne renferme l'imputation d'aucun fait, est une injure. (Loi du 17 mars 1819, art. 13.)

Art 167.— La diffamation envers les agens de l'autorité dans l'exécution de leurs fonctions, est punie d'un emprisonnement de huit jours à dix-huit mois et d'une amende de 50 à 3,000 fr. L'injure est punie d'un emprisonnement de cinq jours à un an et d'une amende de 25 à 2,000 fr. Ces deux peines peuvent être infligées séparément et cumulativement, *Idem*, art. 16 et 17.

Art. 168.— La diffamation envers les particuliers est punie d'un emprisonnement de cinq jours à un an et d'une amende de 25 à 2,000 fr., ou de l'une de ces deux peines. *Idem*, art. 18.

Art. 169. — L'injure contre les particuliers est punie d'une amende de 16 à 500 fr. *Idem*, art. 19. Mais, pour qu'il y ait application de cette peine, il faut que l'injure soit prononcée dans un lieu public ou qu'elle renferme l'imputation d'un vice déterminé, autrement elle n'est punie que des peines de simple police. *Idem*, art. 20.

### § VII. — *Crimes contre les enfans.*

Art. 170.— Quiconque par alimens, breuvages, médicamens, violences ou par tout autre moyen, aura procuré l'avortement d'une femme enceinte, soit qu'elle ait consenti ou non, est puni de la réclusion, la même peine est prononcée contre la femme qui se fait avorter, (loi du 28 avril, art. 75 )

Art. 171.— Les coupables d'enlèvement, de recelé ou de suppression d'un enfant, de substitution d'un enfant à un autre, ou de supposition d'un enfant à une femme qui ne serait pas accouchée, ou ceux qui étant chargés d'un enfant, ne le représenteraient pas à ceux qui ont le droit de le réclamer sont punis de la réclusion. (C. P. 345.)

Art. 172.— Ceux qui exposent ou délaissent dans un lieu solitaire un enfant au-dessous de l'âge de sept ans accomplis, ceux qui donnent les ordres de l'exposer ainsi, si l'ordre a été exécuté, seront condamnés à un emprisonnement de six mois à deux ans, et à une amende de 16 à 200 fr. Si ce sont des tuteurs ou instituteurs la peine est de deux ans à cinq ans d'emprisonnement.

Si l'enfant par suite de l'exposition a été estropié, la peine est la même que pour les blessures volontaires. Si la mort s'en est suivie, la peine est celle du meurtre ou assassinat. (C. P. 349 et suiv ).

Art. 173.—Si l'enfant avait sept ans accomplis, l'emprisonnement est de trois mois à un an avec amende de 16 francs à 100 fr., et du double si le crime est commis par des tuteurs ou instituteurs. (C. P. 352 et 353.)

Art. 174.—L'enlèvement par fraude ou violence d'un mineur est puni de réclusion. Si l'enfant enlevé est une fille au-dessous de seize ans, la peine est celle des travaux forcés à temps. (C. P. 354.)

Art. 175.—Tout attentat à la pudeur consommé ou tenté sans violence sur la personne d'un enfant de l'un ou de l'autre sexe, âgé de moins de onze ans, sera puni de la réclusion.(Loi précitée, art. 76.)

Art. 176.—Le viol est puni des travaux forcés à temps, tout autre attentat à la pudeur est puni de réclusion, mais si le crime a été commis sur une personne âgée de moins de quinze ans, le coupable est puni de travaux forcés à temps. Id , 77.

Art. 177.—Si les coupables sont de la classe de ceux qui ont autorité sur la personne, s'ils sont serviteurs à gages dans la maison, ou s'ils ont été aidés dans leur crime par une ou plusieurs personnes, la peine est celle des travaux forcés à temps, et même à perpétuité si c'est un enfant de moins de onze ans. Id. 78.

Art 178.—Quiconque excite ou favorise habituellement la débauche ou la corruption de la jeunesse de l'un et de l'autre sexe, au-dessous de vingt un ans, est puni d'un emprisonnement de six mois à deux ans, et d'une amende de 50 à 500 fr.

Si la prostitution est favorisée par les père et mère, tuteurs et autres personnes chargées de leur surveilllance, la peine est de deux à cinq ans d'emprisonnement et d'une amende de 300 à 1,000 fr. (C. P. 334. )

SECTION V.—*Crimes et délits contre les propriétés.*

§ Ier. — *De l'incendie.*

Art. 178.—L'incendie de bâtimens, bateaux, magasins ou chantiers servant à l'habitation est puni de mort.

Si les bâtimens ne sont pas habités, si ce sont des bois ou des récoltes sur pied appartenant à autrui, la peine est celle des travaux forcés à perpétuité.

Si les objets appartiennent au coupable, et qu'il ne les ait incendiés que pour nuire à autrui, il sera puni de travaux forcés à temps.

Celui qui incendie des récoltes abattues, des bois en tas ou en corde qui ne lui appartiennent pas, est puni des travaux forcés à temps.

S'ils lui appartiennent, mais qu'il ait volontairement causé en les brûlant un préjudice à autrui, il sera puni de réclusion.

En tous cas, si l'incendie a occasionné la mort d'une ou plusieurs personnes se trouvant sur les lieux incendiés où il a éclaté, la peine sera la mort. (Loi précitée, art. 92.)

Art. 179.—Les mêmes peines seront prononcées contre ceux qui détruiraient par l'effet d'une mine, des édifices, navires, bateaux, magasins ou chantiers. Id. 93.

§ II. — *Du pillage.*

Art. 180.—Ceux qui volontairement ont brûlé ou détruit d'une manière quelconque des registres, minutes ou actes originaux de l'autorité publique, des titres, billets, lettres de change, sont punis pour les actes de l'autorité publique, les billets de commerce ou de banque, de la réclusion, et pour les autres objets d'un emprisonnement de deux à cinq ans et d'une amende de 100 à 300 fr. (C. P. 459.)

Art. 181. — Tout pillage de marchandises ou denrées commis en réunions ou bande à force ouverte, est puni des travaux forcés à temps, et chaque coupable d'une amende de 200 à 500 fr. (C. P. 440.)

Art. 182. — Si les denrées pillées ou détruites sont des graines ou substances farineuses; du vin ou autre boisson, la peine est le maximum des travaux à temps avec l'amende contre les chefs ou provocateurs. — C. P. art. 442,

### § III. — *Du vol.*

Art. 183. — Tout directeur-commis, ouvrier de fabrique, qui communique à des étrangers où à des Français, résidant en pays étrangers les secrets de la fabrique où il est employé, est puni de la réclusion et d'une amende de 500 à 20,000 francs,

Si ces secrets sont communiqués à des Français résidant en France, la peine est d'un emprisonnement de trois mois à deux ans et d'une amende de 16 à 200 francs. (C. P., art. 418.)

Le vol est puni des travaux forcés à perpétuité, lorsqu'il est accompagné des cinq circonstances suivantes :

1° S'il a été commis la nuit.

2° S'il a été commis par deux ou plusieurs personnes,

3° Si les coupables où l'un d'eux étaient porteurs d'armes apparentes ou cachées.

4° S'il a été commis à l'aide d'effraction, escalade ou fausses clefs, dans des lieux habités, ou en prenant la fausse qualité d'agent de l'autorité.

5° S'il a été commis avec violence ou menace de faire usage d'armes. Loi précitée, 84.

Art. 185. — La peine des travaux forcés à temps est prononcée contre l'individu coupable de vol avec violence et deux circonstances aggravantes.

Si la violence a laissé des traces de blessure ou de contusion, la peine est celle des travaux à perpétuité. *Id.* 86.

Art. 186. — Les vols commis sur les chemins publics emportent la peine des travaux forcés à perpétuité, lorsqu'ils sont commis avec deux circonstances aggravantes.

S'il n'y a qu'une seule circonstance aggravante, la peine est celle des travaux à temps.

Dans les autres cas la peine est la réclusion. *Idem.* 87.

Le vol est puni de réclusion, 1° s'il est commis la nuit par deux ou plusieurs personnes, ou s'il est commis avec une de ces circonstances dans des lieux habités ou édifice, consacrés au culte.

2° Si le coupable était porteur d'armes apparentes ou cachées.

3° Si le voleur est un domestique ou un homme de services à gages, si le vol est fait dans l'exercice de son service, ou si c'est par un ouvrier, compagnon ou apprenti, dans la maison, l'atelier ou le magasin de son maître; par un individu travaillant habituellement dans l'habitation où il aura volé.

4° Si le vol est commis par un aubergiste, un hôtelier, un voiturier, un batelier ou un de leurs préposés, lorsqu'ils auront volé tout ou partie de la chose qui leur était confiée. *Idem.*, art. 87.

Art. 188. — Quiconque vole ou tente de voler dans les champs, des chevaux ou bêtes de charge de voitures ou de monture, gros et menus bestiaux ou des instrumens de culture, est puni d'un emprisonnement d'un an au moins et de cinq ans au plus et d'une amende de 16 à 500 fr.

Il en est de même des vols de bois

dans les ventes et de pierres dans les carrières, ainsi qu'à l'égard du vol des poissons en étang, vivier ou réservoir. *Idem.* art. 88.

Art. 189.—Quiconque vole ou tente de voler dans les champs des récoltes ou autres productions utiles de la terre déjà détachées du sol, ou des meules de grain faisant partie des récoltes est puni d'un emprisonnement de quinze jours à deux ans et d'une amende de 16 à 200 fr. *Idem.*

Art. 190.—Si le vol a été commis la nuit, soit par plusieurs personnes, soit à l'aide de voitures ou d'animaux de charge, l'emprisonnement est d'un an à cinq ans et l'amende de 16 à 500 fr. *Idem.*

Art. 191.—Si les productions n'étaient pas encore détachées du sol, et que le vol eût été commis avec des paniers, des sacs, ou autres objets équivalens, soit la nuit, soit à l'aide de voitures ou d'animaux de charge, soit par plusieurs personnes, l'emprisonnement est de quinze jours à deux ans et l'amende de 16 à 200 fr. *Idem.*

Art. 192..—Dans tous les cas ci-dessus, les coupables peuvent en outre être privés des droits civils, et mis sous la surveillance de la police pendant cinq ans au moins et dix ans au plus. *Idem.*

Art. 193.— Celui qui pour commettre un vol enlève ou déplace des clôtures servant de séparation aux propriétés est puni de la réclusion. *Idem,* art. 89.

Art. 194.— Celui qui extorque par violence la signature ou la remise d'un écrit contenant obligation ou décharge est puni des travaux forcés à temps. *Idem,* art. 90.

Art. 195.— Le dépositaire infidèle ou celui à qui on confie un objet pour un travail salarié ou non salarié, et qui le détourne, est puni d'un emprisonnement de deux mois à deux ans, et d'une amende qui ne peut excéder le quart des restitutions à faire, ni être moindre de 25 fr.

Si l'abus de confiance a été commis par un domestique, homme de service à gages, commis, ouvrier, compagnon ou apprenti, au préjudice de son maître, la peine sera celle de la réclusion. *Idem.* art. 91.

### §IV.— *Du faux.*

Art. 196.— Celui qui aura contrefait les monnaies d'or et d'argent, ou participé à leur émission ou circulation est puni de travaux forcés à perpétuité; la peine est celle des travaux forcés à temps pour les monnaies de cuivre. *Idem,* art 50 et 51.

### Section VI.— *De la complicité.*

Art. 197.—Les complices d'un crime ou d'un délit sont punis des mêmes peines que les auteurs du crime.

Sont considérés comme complices ceux qui par des promesses ou menaces ont provoqué le crime ou donné des instructions pour le commettre.

Ceux qui ont procuré des armes, instrumens et autres moyens qui ont servi au crime et délit, sachant qu'ils devaient y servir.

Ceux qui avec connaissance de cause ont assisté les auteurs de l'action dans la préparation, facilitation, ou consommation du crime.—(C.P., art. 59 et 60.)

### § 1er.— *Des recéleurs.*

Art. 198.— Ceux qui ont sciemment recélé tout ou partie des choses obtenues à l'aide d'un crime sont punis comme complices.

Néanmoins la peine de mort, lorsqu'elle sera applicable aux auteurs du crime, sera remplacée, à l'égard des recéleurs, par celle des travaux forcés à perpétuité. *Idem* 35 et C. P. 63.

### Section VII.—*Du vagabondage.*

Art. 199.—Le vagabondage est un dé-

Ht. Sont vagabonds ceux qui n'ont pas de domicile certain ni moyens de subsistance, et qui n'exercent habituellement ni métier ni profession. (C. P. 269 et 270.)

Art. 200.—Tout individu voyageant sans passeport et qui ne peut justifier de son inscription sur le tableau de sa commune, est réputé vagabond. (Loi du 10 vendémiaire ans VI et VII.)

Art. 201. — Les gens déclarés vagabonds sont, pour ce seul fait, punis de trois à six mois d'emprisonnement, et renvoyés sous la surveillance de la police pendant 5 ans au moins et dix ans au plus. Les vagabonds agés de moins de seize ans ne peuvent être condamnés à la prison, ils sont mis seulement sous la surveillance de la haute-police jusqu'à 20 ans accomplis à moins qu'avant cet âge, ils n'avaient contracté un engagement régulier dans les armées de terre ou de mer. C. P. art. 271.

SECTION VIII.—*De la mendicité.*

Art. 202.—Dans les lieux où il existe des dépôts de mendicité, les mendians sont punis d'un emprisonnement de trois à six mois, puis conduits au dépôt de mendicité. (C. P. 274.)

Art. 203. Dans les lieux où il n'en existe pas, les mendians d'habitude, seront punis d'un emprisonnement d'un à trois mois; s'ils sont arrêtés hors du canton de leur résidence, la peine est de six mois à un an. (C. P. 275.)

Art. 204. — Tout mendiant, même invalide, qui userait de menaces, ou serait entré sans permission dans une habitation ou enclos en dépendant, ou qui feindrait des plaies ou infirmités, ou enfin les mendians qui mendiraient en réunion à moins que ce ne soit le mari et la femme, le père, la mère et les enfans, l'aveugle et son conducteur, sont punis d'un emprisonnement de six mois à deux ans. (C. P. art. 276.)

*Dispositions Communes aux mendians et vagabonds.*

Art 205. — Tout mendiant ou vagabond qui aura été saisi travesti d'une manière quelconque ou porteur d'armes, ou même de limes ou crochets ou autres instrumens propres à commettre des vols, est puni de deux à cinq ans d'emprisonnement. (C. P. 277.)

Art. 206.—Tout mendiant ou vagabond coupable de violence est puni de réclusion, sans préjudice des peines plus fortes, à raison du genre et des circonstances de la violence. (C. P. 279.)

Art. 207. — Tout mendiant et vagabond coupable de violence est puni de réclusion, sans préjudice des peines plus fortes à raison du genre et des circonstances de la violence. (C. P., art. 279.)

Art. 208.—Les mendians et vagabonds condamnés aux peines ci-dessus demeurent, à la fin de ces peines, sous la surveillance de la police pendant cinq ans au moins et dix ans au plus. (Loi du 28 avril 1832, art. 70.)

SECTION IX. — *De la récidive.*

Art. 209. — La récidive est une circonstance aggravante. Les crimes et délits sont, en cas de récidive, punis de la peine supérieure d'un degré à celle prononcée par la loi. Pour qu'il y ait récidive en matière criminelle, il suffit que le coupable ait commis un second crime. En matière correctionnelle, celui qui a été condamné pour crime antérieur est puni du maximum de la peine. Cette peine peut quelquefois être elevée jusqu'au double, avec surveillance de la police à l'expiration de la peine. (C. P. 56 et suiv.)

Art. 210 — Dans les contraventions de police, pour qu'il y ait récidive, il suffit qu'il ait été rendu contre le contrevenant, dans les douze mois précédens, un premier jugement dans le ressort du même tribunal. La récidive peut entraîner jusqu'à cinq jours d'emprisonnement. (Loi du 28 avril 1832, art. 102 et 99.)

SECT. — X. *Circonstances atténuantes. peines.*

Art. 211. — Enfin les jurés, en matière criminelle, peuvent déclarer qu'il y a des circonstances atténuantes; alors la peine au criminel est celle qui est immédiatement au-dessous de celle prononcée par la loi; et si le préjudice n'excède pas 25 fr. les tribunaux peuvent prononcer, même séparément, soit un emprisonnement, même au-dessous de six mois, soit une amende, même au-

dessous de 16 fr., sans pouvoir être moindre que les peines de police. (Loi du 28 avril 1832, art. 94. C.P., art.483.)

SECT. XI. — *De la prescription des peines.*

Art. 212. — L'action publique et l'action civile résultant d'un crime de nature à entraîner des peines afflictives et infamantes, se prescrit par dix ans, à compter du jour où le crime a été commis, s'il n'a pas été fait de poursuites, ou par dix ans à partir du dernier acte de l'instruction.

L'action est prescrite après trois années si elle est purement correctionnelle, et après une année s'il s'agit de simple contravention de police. (C. d'instruction criminelle, art. 637 et suivans.)

FIN DU CODE DES OUVRIERS.

IMPRIMERIE D'ÉVERAT,
Rue du Cadran, n° 16.

# ATLAS PORTATIF

ET

## ANNUAIRE STATISTIQUE DE FRANCE.

Le Comité, n'ayant pu réaliser son projet d'un *Almanach* spécial, par département, en raison du temps nécessaire pour l'impression de 86 rédactions différentes, l'a modifié de la manière suivante.

Au lieu des 86 Almanachs spéciaux pour les 86 départemens, le Comité a imaginé de les remplacer par un Annuaire statistique de la France, rédigé sur les matériaux les plus nouveaux, et contenant les faits les plus utiles à connaître et à consulter.

*L'Annuaire statistique* et *l'Atlas portatif de France,* même format que *l'Almanach de France*, sont destinés à lui servir de complément.

### L'ANNUAIRE DE FRANCE

*contient*

Une géographie physique de la France et de chaque département.

Une suite de tableaux, les plus complets qu'on ait encore publiés, présentant sous les rapports de la statistique administrative, commerciale, industrielle, agricole, etc., tous les départemens comparés entre eux.

L'état des finances et celui des forces de terre et de mer.

Les détails les plus précis possible sur le sol, les productions, le commerce, les antiquités, les curiosités de chaque département, etc.

Le prix de *l'Annuaire de France* est de 50 CENTIMES.

### L'ATLAS DE FRANCE

*contient*

86 cartes des départemens, dessinées par Perrot, gravées sur acier par Tardieu.
Une carte générale de France.

Cet atlas, qui est un chef-d'œuvre d'exécution, est aussi le problème le plus étonnant qui ait encore été résolu en fait de publications à bas prix. On croyait être arrivé aux dernières limites du bon marché en publiant des cartes à 16 c. Les 87 cartes de *l'Atlas de France*, très-supérieures à celles cotées 40 cent., ne coûte qu'UN CENTIME LA CARTE, et moins de $^1/_3$ de centime pour ceux qui souscrivent à 43 exemplaires de *l'Atlas de France*, au prix de 40 francs.

# SOCIÉTÉ NATIONALE.

### 1831.—1832.—1833.—1834

<table>
<tr><td>

**Publications.**

Journal des Connaissances utiles.
Journal
des Instituteurs primaires.
Almanach,
Annuaire et Atlas de France,
Code du contribuable,
Code rural, Code des Ouvriers,

</td><td>

**Fondations.**

Comité d'émulation.
Institut agricole de Coët...
Lycée national.
Banque de prévoyance...
Dotation
de 360 Caisses d'épargne...

</td></tr>
</table>

## BUREAU CENTRAL DE SOUSCRIPTION,
### RUE DES MOULINS, N° 18.

Journal des Connaissances Utiles. Prix par an, 4 fr.
Journal des Instituteurs primaires. Prix par an, 1 fr. 80 c.
Almanach de France de 1834. Prix : 50 centimes.

## ALMANACH DE FRANCE 1833.
### *Deuxième Édition entièrement revue.*

L'Almanach de France étant destiné à former la collection la plus utile à consulter et devant présenter le développement successif d'une grande pensée d'amélioration générale, opérée par les masses ; bien que la saison ne fût plus opportune, on n'a point hésité à faire les frais d'une seconde édition ; car il ne s'agit réellement pas d'un *Almanach*, mais d'une *Encyclopédie usuelle*, qui sera toujours indispensable à consulter.

Parmi les articles nouveaux qui donnent à la seconde édition de l'*Almanach de France* 1833 tout l'intérêt d'une première, on peut mentionner honorablement : 1° Un précis, tracé par M. RONDONNEAU, de tous les *droits, devoirs* et *intérêts* tels qu'ils ont été réglés par la législation et la jurisprudence.

2° Une méthode abréviative de lecture, d'écriture et de calcul, par SÉPREZ.

3° Un traité de géométrie et d'arpentage rendu accessible à toutes les intelligences, avec des dessins de M. LE BAS, dessinateur du *Conservatoire*.

4° Un travail par M. VATEL... le type de la reproduction, — l'éducation, — l'engrais, — le produit, — la dépense, — la valeur, enfin l'hygiène des principaux animaux domestiques, avec 15 planches gravées d'après les dessins de LOUDON.

5° Une revue des préjugés qui s'opposent aux progrès de l'industrie française, par M. Élie MONTGOLFIER.

( Voir, pour les articles qui paraîtraient omis dans l'*Almanach de France* pour 1834, la table de l'*Almanach de France* pour 1833, 2ᵐᵉ édit.).

www.ingramcontent.com/pod-product-compliance
Lightning Source LLC
LaVergne TN
LVHW012306050726
842524LV00004B/1227